新时代思想政治教育协同育人原理与实践研究

何宗元　著

企业管理出版社
ENTERPRISE MANAGEMENT PUBLISHING HOUSE

图书在版编目（CIP）数据

新时代思想政治教育协同育人原理与实践研究 / 何宗元著 . — 北京：企业管理出版社，2021.5

ISBN 978-7-5164-2325-7

Ⅰ . ①新… Ⅱ . ①何… Ⅲ . ①高等学校—思想政治教育—研究—中国 Ⅳ . ① G641

中国版本图书馆 CIP 数据核字（2021）第 012823 号

书　　名：新时代思想政治教育协同育人原理与实践研究
作　　者：何宗元
责任编辑：杨慧芳
书　　号：ISBN 978-7-5164-2325-7
出版发行：企业管理出版社
地　　址：北京市海淀区紫竹院南路 17 号　　邮编：100048
网　　址：http://www.emph.cn
电　　话：发行部（010）68701816　　编辑部（010）68420309
电子信箱：314819720@qq.com
印　　刷：北京虎彩文化传播有限公司
经　　销：新华书店
规　　格：710 毫米 ×1000 毫米　　16 开本　　13.5 印张　　220 千字
版　　次：2021 年 7 月第 1 版　　2021 年 7 月第 1 次印刷
定　　价：68.00 元

自 序

看到即将付梓的书稿，心中万千感慨。我想起了齐美尔的《时尚哲学》一书中那个让我这辈子难以忘记的名词“陌生人”。齐美尔在书中考察了二元性及二元张力的社会互动关系下的个体行为。本书的写作缘起、写作过程和书稿呈现，难道不是作者在二元张力的背景下去寻找生活的突破点的过程吗？《新时代思想政治教育协同育人原理与实践研究》一书讲的是新时代思想政治教育协同育人，也是本人在学术路上立下的坚定志向。

每个人都有独特的成长史，每个人都有不一样的选择史。能看清楚自己的成长历程，并将其如实写出来的或许是少数。这并不奇怪，中国古人强调知行合一，但是现在懂学术和会写作是两码事。学术研究其呈现表征就是著书立作。尤其在技术思维充斥着整个社会的今天，著书过程中的写作更像是一门古老的手艺，被学术界重新奉为圭臬。

高校为立德树人的重要场域，作为一名学者，我需要通过写作将自己的工作成果呈现出来。在踏上我的学术写作之路时，幸运地偶遇自己人生和学术的导师。导师开始将我写的论文和课题一一点评，对我进行一次又一次的锤炼。我曾几度放弃，几度彷徨，在导师鼓励和引导下，走上写作的艰辛道路。有志者，事竟成。几经坚持，自己的学术写作得到了一定的提高。某日顿悟，写一本以新时代思想政治协同育人为主题的书，作为自己学术成长史的开端。于是，我克服了在扶贫村工作和生活中的诸多不便，历经八个月，几易其稿，终于写成此书。

才华是刀刃，辛苦是磨刀石，再锋利的刀刃，若日久不磨，也会生锈。寥寥数语，无法表达我对所有帮助过我的师长、亲友、同窗和同行的感谢，还要感谢出版社编辑为本书所做的努力。感谢家人，是他们承担了大量的家务和照顾子女的重任。儿子已成为翩翩少年，女儿也成为萌宠，在无数次的书写过程中，小萌宠虽然不会看书，但是总是好奇地询问何时能见到爸爸写的书。再次感谢他们，是他们的鼓舞使得本书顺利完成。

本书的出版，仅是一个学术求道者为中国高校思想政治教育所尽的绵薄之力。这本书可能有着许多不足，本书如果能够得到读者的反馈和批评，那么，这将是作者最大的收获，也印证了本书的价值。书终归是书，生活还有很多无字之书，那便是实践。但愿本书能够在历史的时空中经得住考验，同时能够在读者的书架上存放久远。

如此，作者将深感欣慰！

何宗元

2021 年 2 月 1 日

目 录

第1章　绪论

深入学习贯彻习近平总书记重要指示，进一步落实立德树人这一根本任务，必须要坚持协同育人，这也是高校为社会主义建设培养更加全面的建设者和接班人的重要方法，也是思想政治教育教学改革的重要突破口。

1.1　思想政治教育协同育人的时代要求

2019年3月18日，中共中央总书记、国家主席、中央军委主席习近平在京主持召开学校思想政治理论课教师座谈会并发表重要讲话，向全国大中小学思政课教师致以诚挚的问候和崇高的敬意。他强调，办好思想政治理论课，最根本的是要全面贯彻党的教育方针，解决好培养什么人、怎样培养人、为谁培养人这个根本问题。《把思想政治工作贯穿教育教学全过程 开创我国高等教育事业发展新局面》一文指出，“要注重文化人以文育人，广泛开展各类社会实践，要强化实践锻炼，保证思想政治工作队伍后继有人、源源不断”。[①] 这是为党政机关和学校等单位培养充足的思想政治教育人才所做的必要工作。思想政治教育工作需要协同育人这一思想的指导，高校下一步培养更加全面的社会主义建设者，也需要这一思想的支持。这是我国在下一步思想政治教育工作开展过

---

① 张烁．把思想政治工作贯穿教育教学全过程 开创我国高等教育事业发展新局面［N］．人民日报，2016-12-09（001）．

程中所必须坚持的原则，在发展过程中要积极地实施创新，实现教育的改革。协同育人，简单来说就是学生在课堂上获得理论知识和学习前辈的经验的过程中，教师要进一步激发出学生的主动性、积极性，同时，在课外活动过程中让学生能够实现自我教育，使学生健康成长，通过开展促进学生全面发展的实践活动，帮助学生更好地成长，通过思想政治教育帮助他们在发展的过程中形成更加高尚的品格，从而更加坚定地热爱祖国，热爱人民，提升自身的创新意识和实践能力，这种我们称之为“协同育人”的育人方式也更加适应时代的发展。国家为了进一步推动高校思想政治教育工作的开展，出台了各种相关文件，强调不仅要促进高校思想政治教育工作的开展，而且在开展的过程中要加强协同育人这一方式的运用，为国家发展培育更加全面的人才。

随着社会的不断发展，互联网高新技术得到了高速的发展，人们获取知识和信息的途径增多，获取知识的门槛降低。虽然这有助于人们对信息知识的获取，但飞速发展的互联网对学生的生活习惯和学习习惯以及思想价值观念都造成了巨大的冲击和影响。当前在学生的思想价值观念培养过程中，互联网平台具有的强大作用得到了充分的显现。同时互联网可以为师生构建便捷化的沟通交流平台，学生在学习和生活中遇到困难和挫折后，不再需要前往课堂或教师办公室寻求老师的帮助，可以利用互联网平台直接联系教师寻求帮助，同时教师也可以通过互联网平台更加及时有效地获取学生的思想动态，利用互联网平台进行更加有针对性的思想政治教育工作。因此高校在未来的发展过程中，必须掌握时代和社会的变化需求，遵循互联网新媒体传播的规律，进一步建设科学完善的网络思想政治教育平台，加强网络思想和网络信息传播的管控力度，掌握网络信息传播中的主导权，避免学生受到错误思想或信息的影响和危害。高校要进一步加强思想政治教育内容的创新和形式的创新，提高教育的生动性和趣味性，增强教育的互动性，提高学生自主学习的积极性。

当前社会强调全面综合性发展，教育事业同样如此，全面指的是全员、全过程和全方位，充分实现教育的目的。因此高校需要积极地推动网络思想政治教育工作的开展，实现大学生的全面教育和全面发展，转变原先枯燥无味的思想政治教育形式和方法，更好地帮助大学生提高思想道德修养，形成正确的价值观。在高校思想政治教育具体实践中，需要充分利用网络平台具有的交互性和便捷性，开发相应的思想政治教育模块，设置更加吸引学生兴趣的教育内容，创新教育方式，提高教育和教学的趣味性和有效性，更好地传播社会主义核心价值观念，引导学生确立正确的思想价值取向，树立远大的理想，明确奋斗的目标，从而打造健康向上的教育环境和氛围。当前大学生群体对于网络新媒体的接受程度较高，同时绝大多数的大学生使用网络媒体平台的熟练度较高。在新时代，越来越多的大学生善于使用互联网平台进行信息的获取和交流，互联网已经不再是单纯的获取信息和沟通交流的工具，也成了大学生生活中抒发个人情感、表达个人思想的重要载体。

高校开设的思想政治教育专业主要培养的目标和方向，是为我国的党政机关以及其他单位培养思想政治理论宣传教育和管理工作的高级专业化人才。这些人才首先必须有着极其坚定的共产主义信仰和极高的马克思主义理论素养，其次必须具有现代化教育能力和教育理念，必须具有较为良好的职业素养，熟练地掌握和应用现代化信息技术，具有不屈不挠的科研精神和较强创新能力。自 20 世纪 80 年代起，思想政治教育专业已经经历了几十年的发展，经过了多次的调整和改革，师资队伍积累了大量的专业经验，拥有丰富的学科教育经验，但是当前专业建设方面仍存在一些薄弱环节，例如理论性强于实践性等问题，制约了专业的进一步发展，同时也阻碍了人才的培养。

1.2　新时代思想政治教育协同育人现状及问题

总的来看，我国高校系统中，双一流高校处于顶端的领导地位，在培养创新型人才方面起着重要的作用，有着极强的推动力和影响力。双一流高校属于研究型大学，具备多样化的功能，例如科研创新功能、教育教学功能和服务社会功能。教育教学功能，可以实现人才培养，科研创新和服务社会功能可实现人才全面培养，而且这种全面的人才培养是教育教学功能无法替代的。因此双一流高校需要加强课堂改革力度，以多样化的方式对人才进行培养，探寻新的人才培养模式，推动协同育人目标的达成。

然而，有关我国高校思想政治教育开展情况的调查发现，绝大多数高校思想政治教育缺乏足够的吸引力，难发挥教育的实效性。思想政治教育理论课教学，通常都是以大班方式进行，采取传统的灌输方式，很少有教师和学生之间的互动交流，学生在课堂教学过程中处于被动接受地位，缺乏参与感，教师也很难了解学生真实的学习状况，无法针对学生实际学习状况开展针对性的教育教学，因此很难实现预期的教育目标，而学生有可能失去学习的兴趣和动力，对思想政治教育产生抵触心理，最终的结果是学校的思想政治教育无法达到预期的目标，也无法进一步的发展。从学生层面来看，大学阶段是学生思想发展和人格发展的主要阶段，但是由于各方面因素的限制以及信息化时代多元化思潮的冲击影响，一些学生在思想价值观念方面出现了偏差，一些学生出现了功利主义思维，在日常学习生活当中过分重视专业课程的学习而轻视思想政治理论课的学习。虽然部分高校已经认识到了互联网平台对思想政治教育工作的重要性，并且开展了一定程度的网络平台建设和网络思想政治教育，但是仍然存在着诸多问题。

1.2.1 内容形式创新不足

随着网络信息技术的发展，高校在思想政治教育过程中，越来越重视对网络这一资源的运用，有一部分老师已经能够熟练地运用网络上的资源来开展思想政治教育课程，但部分教师还没有认识到网络教育的重要性，网络教育的覆盖面还不够。一些老教师在知识的传播过程中更加倾向于对专业知识的教授，还没有学会利用网络来对学生进行教育，一些相对年轻的教师在课堂上虽然运用了网络信息技术，但由于自身能力有限，又缺乏专业培训和相关专家的指导，没有在网络育人的形式上实现对传统的突破，而内容缺乏对学生的吸引力，因此很难发挥出网络育人应有的作用。“三全育人”的教育理念之下，教师应该提高自身能力，在思想政治教育课程开展的过程中充分利用网络，及时了解学生动态，对教学方式实现创新，尽自己最大的能力，提高育人的质量。

1.2.2　高层次人才短缺

从事高校网络思想政治教育工作的主要是思想政治课教师和辅导员，他们大多专业水平不高，缺少信息化水平较高的网络技术专家和网络安全专家指导，同时我国目前进行网络思想政治教育研究的学者数量较少，且研究周期较长，投入的精力较大，很难获得较好的成果。人力资源不充足和缺乏专业的高素质人才是网络思想政治教育开展过程中的一大难题。“三全育人”教育理念之下，高校应该培养出更多的专业人才，利用已有的信息技术专业和学生骨干群体，充分发挥出他们的专业特长，对他们进行培训，培养出一批具有专业水准、能力更加全面的教师队伍。

1.2.3　多方协同尚显乏力

在这个快速发展的时代，高校要想开展好网络思想政治教育，既需要有专业能力强的教师队伍，还需要为这些专业人才开辟出一片专业的办公用地，同时配备相应的设备，为这些教师专业能力的发挥提供强有力的技术支持，做好后续服务工作，这都需要高校各个部门协同努力。但在高校实际发展的过程中，对于网络育人职责各部门的划分尚不明确，存在权利的交叉和责任的重叠，对教师的考核也缺乏具体的考核指标，对教师采取的激励措施也远远不够，高校各部门在参与过程中往往缺乏动力，不能够协调一致地运转。

网络思想政治教育体系不是一个单一体系，它是由多个体系相互联系共同组建而成，其中不仅包含实施体系和评价体系，也有制度体系和制度保障体系。在思想政治工作开展过程中，各个部门要协同努力，共同发挥作用，由局部带动整体共同发展，进而打破时空等客观因素的限制，让高校思想政治教育能够确实有效。高校思想政治教育协同体系未来的发展应该符合时代的要求，并且满足全媒体融场域所提出的要求，符合以高校思想政治教育体系为导向所做出的顶层设计。只有这样，高校思想政治教育协同体系才能更具有实践意义。

1.3 思想政治教育协同育人的实践意义

高校思想政治教育未来的发展过程中，要建设更加全面的协同育人体系，帮助我国社会能够正常向前发展，确保高校思想政治教育工作具有实践的意义，为国家的发展提供更多的有用之才。

随着人民生活水平的不断提高，人民出现了越来越多的需求。不仅仅要满足人民群众物质上的需求，更重要的是加强精神方面的建设，以满足人民精神上的需求。在我国未来的发展过程中，精神文明的建设是非常重要的，要充分平衡物质文明和精神文明之间的关系，让两者能够共生共长，进一步加强社会精神文明的建设，在发展过程中全面落实协调发展这一理念。在精神文明建设过程中，最为关键的就是思想政治教育工作的开展。各大高校应该加强思想政治教育工作，这是精神文明建设的基础，在发展的过程中要注重理论与实践相结合，注重协调发展，加强内部各部门之间的联系和合作，为我国经济持续发展打下基础。在社会道德价值理论体系中，最有影响力的就是社会主流意识形态，自身具有平稳和客观的特点，在高校发展过程中主流意识形态的建设处于领跑的地位。所以在下一步的发展过程中，应该加强对学生主流意识形态的教育，让学生在发展过程中能够得到正确的思想指引，对自身的发展有正确的要求，能够走上正确的道路，对在新时期遇见的新问题也有更好的解决办法，促进思想政治教育工作的开展。

当前，高校主流意识形态教育基本上处于一种相对平稳的发展状态。下一步，要将中国特色社会主义理论融入教育体系中，通过科学的方法，让高校广大学生在接受教育的过程中，能认识到中国特色社会主义理论的相关内容。让中国的青年能够在潜移默化之中接受国家主流意识形态的教育，顺应国家主流意识形态的发展方向，对自己的行为进行严格的规范，将社会主义核心价值观落实到实践过程中。随着全球政治经济的不断发展，国际环境也越发复杂，我国主流意识形态也遇到了种种干扰，特别是西方意识形态对我国所造成的文化渗透，对我国主流意识形态的发展造成了阻碍。随着互联网技术的快速发展，人们的沟通交流越来越便利，获取信息的手段越多，成本也越低，文化遭受到入侵的情况越发常见，所以高校要加强思想政治教育，抵御西方的文化入侵和思想渗透，使我国意识形态在发展过程中，始终占有主导地位。

通过思想政治教育，来对各种社会制度进行划分。在社会主义社会思想政治教育工作的开展过程中，始终要坚持马克思主义的指导地位，确保马克思主义指导地位不受影响；在发展的过程中进一步加强思想道德建设，在推动思想道德建设过程中，最为核心的工作就是推动精神文明建设的发展，也就是说要加强思想政治教育工作的开展。要想做好思想政治教育工作，首先应使全体学生进一步提升个人的思想道德水平，提升自己的专业能力，实现自己的全面发展。但各高校在开展思想政治教育工作过程中，还存在着诸多问题，例如，对责任主体没有明确的界定，将主体确定为老师，而不是学生，无法调动真正的主体，也就是学生的积极性，无法真真正正地发挥出思想政治教育工作的作用，只是加重了任课教师的负担，没有充分地发挥出教学主体的主动性。所以在接下来的工作中，要落实协同的理念，确保各主体之间能够相互配合，进一步提升工作效率，促进工作实效性的提升。

《教育改革发展的新理念新思想新要求——学习习近平总书记关于教育工作的重要论述》一文指出，教育教学工作的开展，最为根本的任务就是立德树人。[①]在高校思想政治教育工作开展过程中，始终要坚持立德树人这一根本任务，在发展的过程中教育学生是最基本的，培养美德是最优先的任务。伴随着我国经济社会的快速发展，人们不但关注科技的发展，而且也关注社会对人才的培养。高校要加强对人才的培养，改变过往仅关注学生专业水平，而不关心学生的思想道德水平的做法，要培养出既有德行又有能力的人才。高等教育不仅仅要关注智育，而且也要关注德育，加强对学生各方面的培养，让学生能够真正地了解到社会主义核心价值观的内涵，同时将其内化为自己的实际行动，进一步增强自身的社会责任感。当代的大学生不但仅要掌握充足的文化知识，而且还要有美德。[②]

① 宋凌云，王嘉毅．教育改革发展的新理念新思想新要求——学习习近平总书记关于教育工作的重要论述［J］．教育研究，2017，38（02）：4-11.

② 翟振元．发展具有中国特色世界水平的现代教育［N］．人民日报，2014-09-10（007）a.

第 2 章　思想政治教育协同育人的发生根源及可行性分析

在坚持全员全过程全方位育人方面，把思想价值引领贯穿教育教学全过程和各环节，形成教书育人、科研育人、实践育人、管理育人、服务育人、文化育人、组织育人长效机制。[①] 教育部党组印发的《高校思想政治工作质量提升工程实施纲要》中进一步强调“充分发挥课程、科研、实践、文化、网络、心理、管理、服务、资助、组织等方面工作的育人功能，挖掘育人要素，完善育人机制，优化评价激励，强化实施保障，切实构建‘十大’育人体系”。[②] 从中我们可看出，确保能够实现思想政治教育协同育人，是我国高校思想政治教育工作今后的主要方向和发展思路。

2.1　思想政治教育协同育人的发生根源

新时代背景下，为了促进大学生思想政治教育创新发展，必须要严格落实思想政治教育协同育人工作。这样有助于培养更多与社会发展相适应的专业性人才，全面提升高校思想政治教育教学质量。

---

① 十八大以来重要文献选编：下［M］北京：中央文献出版社，2018.

② 刘宏达，万美容．高校思想政治工作前沿问题研究［M］．北京：人民出版社，2019.

2.1.1 思想政治教育协同育人的理论

1. 思想政治教育协同育人是社会主义人才培养的内在要求

高等教育，从马克思主义理论角度看，旨在培养“自由而全面发展的人”；从社会主义人才培养角度讲，旨在培养“德智体美劳全面发展的社会主义建设者和接班人”[①]，要加快培养对社会主义建设能够做出突出贡献的专业性人才，为实现中华民族伟大复兴中国梦而不断努力。从人才培养目标角度看，分科教育向前发展的大背景下，怎样才能确保思想政治教育工作顺利开展，使人才培养工程统筹开展，成为目前我们面临的主要问题。对思想政治理论课的效果及影响进行实事求是的评估，不能对其视而不见，也不能过分夸大。相应地，我们在创新思想政治理论课期间，要在提升课程教学实效性的基础上，广泛使用日常生活中存在着的各种典型人物案例及其他教育资源，提升思想政治教育联动性水平，最大限度地确保理论课教学与实践案例教学之间的互补水平。同时，结合我国社会发展实际，建立系统完善的高校思想政治教育大格局，旨在能够从理论层面、实践层面分别做好教学工作，才能够更好促进学生的全面健康成长。

2. 思想政治教育协同育人是立德树人的科学方法

高等教育的根本任务便是立德树人。那么，怎样立“德”，又怎样树“人”，并非能够通过一次科学实验或者某一次逻辑论证就能够得到期待的结果，需要学校开展经验总结，认真了解其中的规律，提升认知的科学性和高效性水平。《深入学习习近平关于教育的重要论述》一文提到“思想政治理论课是落实立德树人根本任务的关键”[②]，并明确在高校推进立德树人建设过程中，做好思想政治理论课建设是“关键课程”。高校借助思想政治理论课，着重对学生进行职业道德、家庭美德、社会公德等各个方面的教育，引导学生形成科学的道德观念，提升学生的道德情操。只有这样，思想政治理论课

① 深入学习习近平关于教育的重要论述［M］. 北京：人民出版社，2019.

② 同上.

建设才能在高校立德树人建设中，扮演关键角色。结合我国社会主义人才培养工作实际，在加强高校思想政治理论教学工作的基础上，还应该在实践发展中发挥其应有的育人作用，确保彼此之间能够形成良性互动的局面。分别在课堂理论教学与课下日常生活中借助不同方式来加大学生对马克思主义理论的认知，同时引导学生能够将马克思主义理论真正地付诸实践。这样才确保高校立德树人工作发展目标的实现。

3. 思想政治教育协同育人关键是提升思政教育的质量

思想政治教育工作必须注重理论联系实际。在党中央的坚强领导下，高校分别要从教学方式、教材编制、教育评估等不同角度进行优化改善，显著提高思想政治理论课教学质量。此外，随着新媒体及互联网的广泛普及，大学生思维模式、学习特征等呈现出很好的时代特点。也有专家指出，学校需要结合自身教育教学实际，将全面做好思想政治理论教育工作作为学生第二课堂，统筹协调好不同主体的优势，最大限度地发挥思想政治教育工作实践性的特点。

2.1.2　思想政治教育协同育人的发展

高校思想政治教育具有系统性的特点，需要高校师生最大限度地提升自组织水平，增进彼此间协同效应的发展。但是，传统思想政治教育工作主要是以科层式组织以及专业化分工为前提，不同部门间存在突出的工作界限，各自缺乏对整体的关注，不同育人主体在协同配合理念上存在欠缺，彼此之间很难配合交流，在很大程度上会对思想政治教育的质量产生直接影响。

1. 顶层设计相对缺乏整体性构思

顶层设计主要从总览全局角度入手，对工程不同要素及层次进行综合考量，结合项目最高层次来制定解决问题的方案，为思想政治教育工作的开展提供方向指引。“‘十大’育人体系涵盖了高校课内与课外、教学与科研、理论与实践、管理与服务、线上与线下等涉及学生成长与生活的方方面面”[①]，高校在建设发展过程中，需要从促进学生全面发展角度入手，做好顶层设计，明确不同体系间的关联，结合新时代发展实际来确定相应的思想政治教育战略发展方案，推进思想政治教育协同机制的优化健全。相应地，思想政治教育工作能够将“应有作用”逐渐转化为“实际作用”。

目前，高校育人主体在很大程度上存在着与思想政治工作发展不和谐的地方。比如，高校马克思主义学院、宣传部门等的关系处于平行状态，彼此间并非是隶属关系，不同部门有各自的职责。各个部门在实际工作中以各自工作职责开展工作任务，从发展理念以及发展目标上存在偏差，并且不同部门间并未建立完善的信息沟通体系，在活动规划上缺乏密切配合。同时，思想政治教育工作开展前或开展过程中并未形成系统规划方案以及顶层设计思路。教育主体没有形成确切的定位科学认知，特别是在协同育人方面没有形成一致意见，导致协同育人格局很难能够形成。

另外，从研究生思想政治教育工作开展情况来看，教育工作紧紧停留在院系学生工作系统之内。课堂教育教学工作重点集中在研究生科研能力提升方面，而对研究生社会责任、性格塑造等方面能力的培养有所忽略，甚至一些人片面地认为这是班级辅导员的责任。此外，研究生导师与辅导员对于研究生德育教育工作存在彼此推诿的现象，辅导员片面地将研究生德育教育归为导师的职责，而辅导员的工作职责则主要表现在学生就业辅导、学生日常生活管理、开展心理辅导以及其他后勤保障等方面。所以，在思想认知上存在不一致的情况，不同教育主体就很难针对“协同育人”形成一致意见，不利于协同育人局面的发展和优化。新时代背景下，怎样最大限度地将构建思想政治教育机制与做好协同育人工作联系起来，确保机制内不同要素能够借助某一方式达到良性互动的状态，同时形成协同效应，有效提高思想政治教

① 张正光．构建高校思想政治工作“十大”育人体系的有效路径［J］．高校辅导员学刊，2018，10（04）：1-4+9.

育实效性水平，是高校领导者在学校管理工作中应该特别关注的问题。从部门设置以及部门职责角度来讲，有关部门在做好学生思想政治教育工作的同时，还有其他工作目标任务，由此导致不同部门在完成思想政治教育培养目标过程中，默契度相对欠缺，不利于形成和谐的运行体系。在实际调研期间，我们发现，部分高校即便能够积极响应国家倡导的协同育人思路，能够构建完善健全的思想政治教育协同育人体系，该体制在具体运行过程中，并没有能够达到理想的效果；也有部分高校即便建立了不同主体共同参与的思想政治教育机制，这种机制也仅仅徒有其表，工作具体开展过程中缺乏必要的资金及制度扶持，这样不利于协同育人顺利有序开展。所以，我们为了能够更好地协调好这些问题，管理者应该从学校发展宏观角度入手，在促进学生全面有序发展基础上，按照协同育人发展要求，通过不同主体共同参与的机制，做好不同主体之间的配合与协调，推进顶层设计工作有序顺利开展。

2. 教育资源整合机制并未完善

从系统协同效应入手，不同主体人际关系的互补与协调为开展思想政治教育工作奠定重要基础。不过，受边界约束条件的影响，不管是外界要素影响，还是系统内部冲击，均会不同程度影响到不同要素间的协同发展。目前，高校学生大多能够从不同渠道来接受思想政治教育，与之前相比，不同学生间思维差异性与思维选择性有了很大的提升。这一背景下，要求我们深入做好主体协同工作。当且仅当不同主体间加强配合与协调时，高校教育才能最终达到协同育人所期待的合力水平。不过，现在高校思想政治教育主要包括课堂理论教学与课外辅导员实践引导两个不同的方面，彼此间缺乏协同发展动力，没有形成健全的考核评价模式，由此导致专业教师与学校辅导员之间很难能够进行协同教学。同时，部分辅导员专业学科知识不足，教学工作积极性匮乏，使得他们不愿意去承担课堂教学工作。当然，作为教育主体，考虑到缺乏教学实践动力，并且没有形成系统的协同育人体系，这样也就不能形成思想政治教育的合力。没有形成科学评价体系，在导师对研究生思想政治工作的评价方面，导师所在院系并没有设立相应的评价考核方式；

缺乏相应的激励体系，高校管理服务岗位工作人员绩效、激励模式并不完善。考虑到制度建设存在很大的滞后性，借助制度优势来做资源整合工作很难能够达到应有的效果。部分高校内部协同机制发展期间，从中我们能够发现，作为学校思想政治工作者，人们与高校德育工作部门间并没有建立健全系统的育人机制，不利于提升资源整体利用效率水平，也并未建立科学的协同育人体系。人们只从自我工作职责层面来进行工作，而没有与其他部门相互配合，这样也对协同育人教育工作开展产生了极大的阻碍性影响。例如，部分高校职能部门盲目地安排辅导员来落实思想政治教育工作，导致高校辅导员工作压力增加，并且由于辅导员日常工作较为繁重，在很大程度上对思想政治教育工作有效落实造成很大的冲击。换句话说，不管是高校内部，还是各个高校之间，均拥有非常丰富的思想政治教育资源，各校之间应该加强合作，增强资源整体利用效率。不过，高校在实践应用中，存在着忽略这些教育资源的情况，更没有能够将这些资源应用到思想政治教育实践发展之中。所以说，受到这些因素的影响，不利于全面提升思想政治教育协同育人体系发展。

3. 育人主体德育自觉的激励欠缺

价值多元化发展背景下，不同群体有着各自不同的目标，有着特有的职业发展规划。在繁重的生活及科研压力下，高校教师在做好日常科研工作的同时，还应该肩负起对学生的思想政治教育工作。社会对教师职责的期待，“十大”育人体系与师生互动不同场域之间密切关联，以上均要求高校教师增强育德自觉。在社会不断向前推进发展中，无疑在很大程度上增加了学生思想工作难度，思想政治教育内容在今后发展进程中，需要从原有的显性政治规范主要引导发展到隐性价值。某种层面上，承担上述工作的育人主体要增强育德自觉。没有充分整合教育主体资源，也没有达到育人资源共享，由此很难能够形成交汇协力。由于特殊的工作性质，作为研究生育人主体，他们具备非自愿所急需的资源，不同资源之间的协调，能够进一步促进协同育人发展。首先，在各自专业发展领域，研究生导师具有一定的话语权，导师日常行为在很大程度上将会对研究生行为产生影响，这些均是学校辅导员很难能够比拟的。其次，相对于研究生导师来讲，辅导员亲和力更强，通过言传身教能够将师生冲突予以化解，这样也给辅导员为研究生做好思想政治教育工作提供了可能。与此同时，在对研究生开展思想政治教育期间，辅导员在其中起到的作用具有阶段性特点。实际发展中，辅导员与研究生导师之间联系性不强，彼此间缺乏必要的沟通。特别地，他们在导师负责制背景下，也对辅导员工作开展造成了很大的障碍。

4. 协同育人推进缺乏平台有效共享

现在，诸多高校在发展期间，并未构建系统健全的思想政治教育协同体系；没有形成信息及资源共享制度，整合资源集中育人的优越性也很难能够彰显出来。例如，高校学工部以及教育部之间并未形成共享体系，导致学生辅导员对学生学习情况很难能够及时了解。一旦学生得到学业预警，通常是由教务人员来向辅导员发出通知，由辅导员对学生开展必要的辅导和颁布相关解决方案，避免学生产生心理压力。

5. 协同育人尚未强化制度保障

在调研中发现，该问题具体表现为下列两点：第一，用于开展思想政治教育工作资金投入量较低。高校思想政治教育工作开展过程中，即便国家及学校对其有专项经费扶持，不过相对其他非 985、211 高校，与用在管理层面、教学层面上的经费支出比起来，这些学校用于做好学生思想政治教育方面相关经费支出普遍较低。同时，相关经费主要用来改善师生生活，激励人们有更加优异的表现。在推进学校教育教学工作开展过程中，思想政治教育工作者很难能够充分发挥自身的职责。第二，高校思想政治教育并未形成健全的规章制度。部分高校在制定规章制度时，依然存在严谨性不强的问题，敷衍了事问题突出。所以，有待于我们对规章合理性与规章科学性进行深入分析。也有部分高校确定规章制度缺乏可行性。规章制度制定时，针对各种情况的出现存在过于自信的现象，使得规章制度除了制约并影响可行性的同时，也导致诸多理应有序推进的工作出现诸多不足，更别说教育效果了。

2.1.3 思想政治教育协同育人的困境

目前，国内不同高校也已构建了专职队伍与兼职队伍密切配合的工作体系，分别从绩效、体制等不同角度来引导各专业教师自觉接受并融入思想政治教育，建立有关新媒体平台，在高校上下能够形成一种全员育人的新发展氛围，得到了显著效果。但是，协同育人体制发展期间也面临诸多问题。日常工作开展中，受到诸多主观因素与客观因素的影响，很难能够做到高校思想政治教育协同良性推进。相应地，之所以会产生这一现象，可以从下列三个层面来进行分析影响因素。

1. 协同育人氛围有待营造

有的高校教师片面地认为，学生思想政治教育工作是由学校思想政治理论课教师来负责的，并未对全员协同育人理念没有形成正确恰当的认知，指出专业教师的主要任务就是要做好课堂专业教学。由此能够得到，思想政治教育与课堂专业课教学间存在彼此剥离的问题。因此，高校思想政治教育工作开展中，学校教师以及有关管理人员必须要增强自身觉悟意识，做好教育资源整合工作。同时，学生也应该积极转变原有的对思想政治教育不重视的错误理念。事实上，当前学生中依然有诸多不良情绪，宏观上讲，高校协同育人理念并没有形成。

2. 协同育人机制有待优化

从协同育人机制方面来讲，要彰显高校整体发展布局，构建协同育人机制，必须要确保不同主体间加强配合和交流。例如，人事处从薪酬激励体系方面设计、后勤处从提供物质保障方面设计、教务处从教室教学课程设计等。总之，不同职能处室之间全力做好协同配合，在不同部门共同努力下来建立有关协同育人平台，充分发挥合力效应。结合现有发展实际，具体工作开展中并未形成良好的物质保障扶持，在很大程度上也对协同育人机制建设产生了制约性影响。

3. 协同育人的机制有待完善

有的高校在推进思想政治教育工作过程中，不同部门间彼此推诿、职能交叉问题比较突出。当然，之所以出现这样的情况，在很大程度上与配套制度体系不健全、措施落实不力等因素密切相关，这些均对思想政治工作协同开展产生了很大的制约性影响。一方面，我们应该全面提升师资素质水平与数量。在事业单位编制制约影响下，学生工作者队伍一直维持在饱和运转水平，专业辅导人员欠缺，辅导员忙于处理各种学生工作，很难能够集中精力来开展学生思想政治教育工作，容易出现对学生思想动态了解不及时的情况。此外，高校师资力量短缺，导致高校通常以大课方式来进行思想政治专业课教学，教学方式相对单一，不利于提升课堂教学效果水平。另一方面，没有形成健全的后勤保障体系。受到诸多因素影响，高校在开展思想政治教育期间没有固定合适的场所。例如，心理咨询室数量短缺、办公地点少等，在某种层面上对思想政治教育协同育人工作有序推进造成制约性障碍。

4. 协同育人的主动性有待提高

高校承担思想政治教育的主体从性质上看具有差异性、独立性的特点，从关系层面看具有共生性、互补性的特点。

针对高校中的差异化个体，不同个体间存在着共生与独立关系，从中能够彰显出一种彼此融合的价值理念与生态思维。各个育人主体应该形成一种共同体意识。结合马克思社会关系学说，个体是在特定社会关系基础上发展的，换句话说，个体意义生成以及个体价值体现是置于社会网络环境之中的。同时，生成个体意义表现为既定共同体产生之前与产生之后，而并非为“在此之前”。所以，针对高校不同育人主体，作为独立个体，首先必须要对自我及其周边群体的行为产生的彼此影响有一个深入清晰的认知，明确在高校各项工作开展中自我应该肩负的责任。明确不同主体界限的灵活性与模糊性。高校内部不同育人主体间的关系非常复杂，特别是在师生间存在更为显著的“自主—依赖”关系。这一背景下，不同主体开始产生双重角色意识，也就是说，教师扮演教育实施者的角色，学生扮演教育接受者的角色；同时，在教育管理中，管理队伍作为其中的主动者，辅导员与专业教师作为其中的被动者，使得专业教师与辅导员间的关系更为模式化，也正是由于彼此多层互动来往，才能够更好地促进了协同育人工作的开展。借助协同价值，能够导向动态的过程平衡，却不是能够导向静态的结构平衡。在此基础上，高校立德树人工作开展过程中，共同目标便是进行思想政治教育，能够结合学生成长规律以及学生实际需求，在动态发展中能够增强适应水平。这一期间，表现为进行资源集聚、冲突化解的动态性网络，它的生成主要是能够结合育人方式、主体的多元性特点，转变原有的经验界限，并且能够在同心同向价值核心基础上，在循环往复过程中，对核心发展理念进行验证和优化。

2.2　高校思想政治教育协同育人的必要性

对高校的思想政治协同育人情况进行分析和研究，第一个要解决的问题就是了解协同的意义和价值，这是在当前的时代背景下，为了满足现实需要所做的必然之举。同时，需要重点研究实现协同的可行性，分析两者之间存在的关系，找出其中的内部关联，为高校进行协同育人打下牢固的基础。

2.2.1　协同育人的紧迫感（重要性）

在当前的时代背景下，高校进行思想政治协同育人教育可谓是大势所趋。第一，当前的现实情况为高校教育带来了很多新的机遇和挑战，而协同育人则可以很好地迎接机遇，接受挑战；第二，从问题导向的角度来看，现阶段大学生思想政治教育其实存在着很多问题，需要通过协同创新的方式加以解决；第三，从未来发展趋势来看，协同育人可以有效地推动高校思想政治教育工作迈上一个新的台阶。

1. 新形势带来大学生思想政治教育新要求

万事万物的发展变化都离不开环境，大学生思想政治教育工作也是如此，必须要与时代发展相吻合。在进入新的历史时期之后，大学生思想政治教育工作也遇到了很多新的挑战，再加上国际形势的风云变幻，学生自身的差异化发展，都要求协同育人同步做出调整与改善。

（1）从全球视野中把握民族复兴新使命

现今的国际形势可谓是瞬息万变，每个国家都和其他国家之间有着密切的联系，所以大学生思想政治教育工作所面临的可变因素非常多。随着国际交流的逐渐增多，国际上的不稳定因素也会给带来不小的影响。现在的中国是国力日渐昌盛的中国，在国际社会上也有了更多的话语权，这也极大地改变了西方国家对我国的看法。很多敌对势力试图通过“和平演变”的方式对我国的政权进行颠覆，希望离散我国的人心，达成分裂国家的企图。所以，他们充分利用网络优势，将一些反党反社会主义的信息传递给心智尚不成熟的年轻人，让他们感觉到现实社会一片颓废，没有希望，最终也没有了前进的勇气和进步的信心。我国高校之所以要开展大学生思想政治教育工作，就是要与这些居心叵测的敌对势力做正面的斗争，这是一项关乎国家安全和民族兴旺的重大事业。大学生思想政治教育工作所肩负的民族兴盛的重大使命，不管在理论教学还是实践教育中都是如此，都要对“四个自信”进行坚定不移的维护。让大学生认识到自身所担负的历史使命，积极学习，端正态度，能够在纷繁复杂的现实情况中坚定立场，不会因为任何颠覆行为的存在而迷失本心。

（2）从历史方位中建立立德树人新任务

我国在政治经济文化领域都取得了突出的成绩，社会主义中国进入到全新的发展时期。在这个至关重要的历史节点上，摆在我们面前的艰巨任务有很多，这都需要足够的优秀人才来实现。高校大学生是社会主义未来的接班人，他们只有具备了全面而综合的素质，今后才能担负起建设社会主义的重任。所以，高校要重视对大学生开展思想政治教育工作，坚定不移地“立德树人”，从本质上讲，高校开展教育的主要目的就是为社会培养德智体美劳全面发展的综合型人才。所以高校应该审时度势，站在国家和民族的历史高位上开展教育工作，以协同育人的方式提升大学生的知识水平和道德修养，保质保量地完成时代赋予的使命。高校开展协同育人其作用主要体现在两个方面：一是提升学生的专业能力；二是帮助学生树立正确的“三观”，这是符合时代发展趋势的必然之举，也是达成立德树人目标的重要举措。

（3）从技术迭代中把握育人方式新变化

来自科学技术领域的创新会给人类社会的发展带来无穷的动力，人类文明层次的提升都是科学技术在起作用。现阶段，信息网络化获得了长足的发展，也给人们的工作和生活带来了很大的变化。可以说，信息网络化是改变世界的重要力量，所以大学生开展思想政治教育也要顺应时代发展潮流，及时调整自身的发展目标和具体教育方法。第一，互联网有着传播快捷便利的优势，如果将其引入到大学生思想政治教育工作中，可以起到事半功倍的效果，对当前的教育资源进行丰富，改善当前的教育方法，有利于实现教学创新。随着多媒体技术的引用，原本照本宣科的课堂就会增加很多视频和音频材料，还会出现网络课堂、微课等，这都是对课堂内容的极大丰富与完善。从最近几年的发展趋势来看，教育部对开发线上课堂工作予以了足够重视，当前的线上课堂超过1290门，慕课数量更是超过8000门[①]，从未来的发展来看，这个数量还会继续呈现增长趋势。2020年，因为疫情的侵袭，高校普遍开始了“停课不停学”的教学方式，通过线上课堂接受教育的大学生人次超过2.82亿[②]，这也代表着我国教育信息化进入到一个全新的发展阶段。相信在未来的发展中，教育事业发展的总趋势就是实现线上和线下的有机融合。从这里可以看出，网络技术的发展极大地影响着教育方式的转变，尤其是在突发事件发生之后，线上教学的优势也就得以突显；第二，我们也应该意识到互联网所带来的负面影响。有数据显示，我国网民数量截至2020年上半年约为9.4亿人，而学生在其中占到了23.7%的比重。[③]这个数字不可谓不

① 教育部.教育部发布《全国普通高校本科教育教学质量报告（2018年度）》[EB/OL].

② 教育部.中国教育概况[EB/OL].

③ 第46次中国互联网络发展状况统计报告[R].北京：中国互联网络信息中心，2020.

庞大，所以网络到底能给大学生思想政治教育带来什么，确实是一件值得深思的事情。在网络上充斥了多元化的信息，大学生每天所能接受到的信息不计其数，他们不可能对此一一进行判断，有些只是了解个大概，还有一些会出现理解错误。为了改善这样的情况，我们需要对当前的教育方式进行合理调整，通过线上和线下课堂相结合的方式，掌握学生的思想动态，从他们的实际需求出发，通过慕课、微课等方式，提升他们的认知能力，让思想政治教育润物细无声，对大学生产生积极的影响。

（4）从个体发展中把握成长成才新内涵

对于广大高校而言，到底应该为国家和社会培养什么样的人才是首先需要解答的问题。毫无疑问，高校的主要作用就是进行人才培养，不过具体的培养方式却不是之前的“填鸭式教育”，应该从学生的实际情况和具体特点出发，突出学生在教学过程中的主体地位，将其学习积极性充分激发出来，让其以主动的态度来接受思想政治教育。大学生处于思想最为活跃的时期，他们对新生事物非常感兴趣，也希望能够更好地表达自己，这些特点是和传统大学生不同的，所以如果沿用传统方式对他们进行教育，他们显然不能适应。再有，在外部环境急剧变化的今天，有些大学生或多或少地存在着一些心理上的问题，他们或者没有很强的社会责任感，或者心理承受能力低下，或者崇尚金钱等，这都是需要立即进行解决的重要问题。比如，在 2017 年北京市教工委就针对大学生展开了一次思想调查，从调查结果看，大学生在个性化方面的需求比之前要多很多。① 所以在新的历史时期，高校应该积极把握大学生的思想动态，满足他们的个性化需求，对大学生思想政治教育的内涵进行扩大与丰富，为国家和社会培养出德智体美劳全面发展的优秀人才。

① 中共北京市委教育工作委员会.2017 年度大学生思想政治状况滚动调查报告［J］北京教育（德育），2017（5）.

2.2.2 当前思想政治教育亟须加强协同创新

在大学生思想政治教育发展过程中，怎样对当前的工作机制进行合理优化，将协同育人的合力充分发挥出来，已经是新的历史时期摆在思想政治教育工作中的首要问题。

1. 高校扩招叠加对教育教学质量递增压力

近年来，我国高校一直在进行扩招，这项政策推出的主要目的就是希望让更多的青少年可以获得走入大学的机会，提升国民教育的公平性，将高等教育的福利提供给更多的家庭和年轻人，同时，在高校扩招政策的推动下，社会就业压力也会因此而缓解。我国高校的扩招从1999年就已经开始，这项政策的优点主要体现在以下方面：一是可以对国民的整体素质进行提升；二是为人才提供更多的创新机会；三是缓解就业压力。有具体的数据可以参考，从我国推行改革开放开始到现在，报名参加高考的总人数达到了2.28亿人，而通过高等教育培养出的优秀人才多达9900万。在2019年，我国高校的招生人数提升到800万人，而大学毕业生则达到了834万人。[①]这些大学生走入社会之后在自己的岗位上做出了突出贡献，为我国的科技创新带来了无穷的发展动力。现在，在全社会范围内已经形成了终身学习的浓郁氛围。不过需要认识到的是，随着高校的扩招，学生数量倍增，而高校不管是教学场地、设备还是教师力量都远远跟不上发展速度，在这样的情况下，学生的学习质量也成为社会各界较为担心的一个问题。现阶段，很多高校在开展思想政治教育工作时都是一个老师身兼多职，正是因为工作压力太大，所以缺岗的情况也是时有发生，想要凭借几个人的力量完成整个高校的思想政治教育工作显然并不现实。因此需要对当前的教育资源进行系统整合与配置，优化教学结构，实现各个队伍之间的密切配合，才能在有限的教育资源背景下将思想政治教育工作更好地完成。

① 70年点燃青春照亮时代［N］. 中国教育报，2019-09-27.

2. 高度职能化分工需借助协同力量实现效率飞跃

在具体的管理方面，高校所奉行的主要是精细化管理，需要对思想政治教育工作领域进行全面覆盖，只有这样，最终的教学质量才能有所保证，也能够为学生提供更加细致入微的服务。不过这个举措也不是完美无缺的，第一，在实践中，很多部门因此而产生了隔阂，工作效率不升反降；第二，大学生思想政治教育工作涉及很多内容，复杂性极强，不能将其简单地划归为某一个单位的工作，比如如果需要解决学生的心理问题，就要将多个部门联合起来，比如心理咨询部、后勤部、学院部等都会涉及，大家通力合作，针对学生的问题查找原因、采取措施，并跟进后续的反馈结果，只有这样，学生的心理健康问题才能得到有效解决；第三，在实施了精细化管理之后，有些高校把这项工作主要分配给了思政课教师和高校辅导员，不过协同育人所强调的就是全员参与，如果为了精细化管理而精细化管理，那么可能会适得其反，有些部门冗员过多，大家都看起来很忙，其实真正落实工作的人并不多。如果深究原因所在，可能还是因为组织结构存在问题延误了信息的传递，阻碍了工作效率的提升。

3. 两支队伍的体制藩篱需提升协同融合增效作用

从工作职能上看，高校辅导员和思想政治理论课老师可以说是各司其职，不过也不能因此就认为这两个岗位之间一点干系也无，准确地说，两者之间应该属于同向同行的关系，最终可以实现协同效应。在大学生思想政治教育工作中，辅导员和思政课教师其实是相互配合的两支力量，不过在实际的教学过程中却并不如此，两者之间的沟通与交流非常少，工作不能配合。所以，要想真正意义上实现协同育人，就要在两者之间建立必要的联系：第一加强两者之间的协同，这对课堂教学和日常管理都大有裨益。思政课教师可以参考学生的日常表现开展教学，这样教学的针对性就强，而辅导员也可以根据学生的理论学习程度进行有侧重点的日常管理，帮助学生查漏补缺；第二思政教育工作涉及的内容和要素很多，所以需要对其中的细节进行通盘管理，加强内部联系。其实在实际教学过程中，很多教育工作并不是泾渭分明的，重叠情况时有发生，而协同育人的作用就是消除这些不必要的重叠，实现资源优化配置，积极提升教学效率。

2.2.3 协同育人有利于促进大学生思想政治教育发展

高校开展思想政治教育工作是关乎国计民生的重大事宜，可以为中国民族的伟大复兴输送更多优秀人才。协同育人已经成为时代发展的大势所趋，可以升华大学生思想政治教育的现实意义。

1. 强化大学生思想政治教育的实效性

协同育人为开展大学生思想政治教育工作指明了发展道路，让其目的性和针对性更强。这里提到的针对性主要指的是教育工作的开展要坚持从实际出发，结合教育对象的具体特点，教育任务的实际情况选择更为适宜的教育方法。换句话说，要保证思想政治教育工作的针对性，就要对这项工作的发展规模进行准确把握，同时兼顾学生的实际情况和成长规律。对大学生来说，他们接受思想政治教育主要是通过上课的方式，而思想政治理论课则可以帮助大学生解决很多理论上的问题，将这门课程视为在高校开展思想政治教育的主阵地一点都不为过，在学习的过程中，大学生可以提升自己的认知，解决掉各种学习和生活中的问题。在做到了理论联系实际，实现了课堂内容和日常思想政治教育的有机融合之后，大学生遇到的很多现实问题都能得到妥善解决，他们的成长会更加顺利，而思想政治教育才能有的放矢，思想政治教育工作才会真正意义上落到实处，发挥应有的作用。

进行思想政治理论教育就是在马克思主义理论的指引下，帮助大学生将各种社会意识内化于心，同时外化于行，真正意义上用理论来指导实践。在这个过程中，主要要对三种关系进行合理协调，第一是理论的彻底性；第二是大学生的主体选择性；第三是外部环境的复杂性。众所周知，检验真理的唯一方法就是通过实践，而要想验证一个理论是否具有彻底性，同样也要将其放置在实践中加以检验。思想政治教育工作主要针对的就是人，“不是处在某种虚幻的离群索居和固定不变状态中的人，而是处在现实的、可以通过经验观察到的、在一定条件下进行的发展过程中的人”。[①] 所以，围绕大学生展开的思想政治教育工作在帮助大学生解决来自思想认知方面的问题之外，还要坚持从实际出发，对大学生学习和生活中遇到的问题进行解决。从这个角度来说，开展思想政治教育工作的针对性就非常明显了，那就是引导大学生从课堂走入到社会，从书本走入到生活，从理论走入到实践，通过以学养人的方法更好地实现知行合一。

2. 增强大学生思想政治教育的协同效应

协同育人可以激发出思想政治教育所具有的协同效应。所谓协同效应，指的就是多个因素在相互配合的过程中积极发挥作用，最终达到整体增强的发展目的。具体地说，大学生思想政治教育工作主要包括两方面内容，一是理论课程，二是日常教育。这两者相互支撑、互为补充，如果想要顺利推进大学生思想政治教育工作的发展，就要将两者有效地融合在一起，让其相互支撑，共同进步，这样才能达到全方位育人的良好效果。

在大学生思想政治教育过程中，理论课程可以说是教育开展的主渠道，其发挥的作用至关重要，正是因为设立了理论课程，思想政治教育工作才能推进得有条不紊。从最近几年的发展情况来看，随着教育改革的不断推进，思想政治理论课建设工作也取得了很多成效。客观来讲，这是一个包罗万象的大系统，其中涉及的要素纷繁多样。因此，我们在关注这个主渠道的同时，也不能放松其他渠道，只有将主阵地、多渠道的作用都发挥出来，思想政治教育工作的开展才会更加顺利。假如让理论课堂承担了所有的教育任务，那么主阵地的压力就会空前增大，思想政治教育的开展就不能完成全方位的覆盖，其影响力会逐渐削弱，最终的教育效果也将不尽如人意。其实，思想政治教育属于社会实践的范畴，在我国的各个领域，思想政治教育都在潜移默化地发挥作用。所以，开展大学生思想政治教育工作有着广泛的社会

---

① 马克思恩格斯选集：第一卷［M］. 北京：人民出版社，2012.

基础，教育主体多样。当然，高校教师是其中当之无愧的主力，不过高校辅导员、党组织成员甚至是学生的父母也都是这项教育工作的主体。如果各项条件具备，还会有更多的人在这项工作中作为主体出现，帮助大学生解答学习和生活中的疑惑，为他们传道授业。另外，大学生思想政治教育活动的社会性也非常明显。不管是在学习还是生活中，大学生的一言一行都会受到道德规范的约束。日常生活看似随意，其实是大学生非常重要的生活场域，他们的很多思想品德都是在日常生活中逐步形成的。高校在开展思想政治教育时，也应该对大学生的现实生活进行认真审视，选择最为适宜的切入点。随着网络时代的发展，大学生早已熟悉了新媒体。所以，高校也应该对网络予以足够重视，通过先进的技术手段积极开展网络思想政治教育。

总体而言，大学生思想政治教育工作具有较强的复杂性，要想将这项工作做好，需要将系统中各项因素的积极作用都充分发挥出来，实现专业课程和日常教育的协同发展，运用创新思维和理念打造更为完善的教育格局。

3. 确保大学生思想政治教育目标的完整性

协同育人可以保证对大学生思想政治教育工作目标的完整性。高校针对大学生开展思想政治教育工作，其实就是在教给学生应该如何成为一个合格的社会主义接班人。每个个体都是知行合一的整体，也兼具了德智体美劳等各项特点。虽然在思想政治理论课和日常教育中存在很多差异，不过其根本目的都是为了立德树人，帮助大学生提升综合素质，所以要将两者有机融合在一起，这可以为顺利达成大学生思想政治教育目的打下牢固的基础。

马克思曾经说过，人的全面发展主要指的是“人以一种全面的方式，就是说，作为一个完整的人，占有自己的全面的本质”[①]。任何人都身处于社会当中，社会就是由一个一个的人共同组成的。从本质上说，人就是“在其

① 马克思恩格斯文集：第一卷［M］. 北京：人民出版社，2009.

现实性上，它是一切社会关系的总和”[①]，人不管是生存还是发展都和社会息息相关，而社会的发展也离不开人在其中所起的作用。所以，人的全面发展指的是充分发挥他们的主观能动性，丰富其社会关系，让其技能与品质可以同步发展，为社会进步做出更大的贡献。针对马克思的这一论断，习近平总书记在 2016 年 12 月召开的全国高校思想政治工作会议上曾经进行了进一步的诠释，那就是，高校开展思想政治教育工作需要“不断提高学生思想水平、政治觉悟、道德品质、文化素养，让学生成为德才兼备、全面发展的人才”。[②] 所以，高校要坚持立德树人，将理论课程和日常教育紧密联系在一起，将两者的优势都充分发挥出来，积极提升学生的思想道德和修养水平，让其可以实现知识与能力的同步提升，进而实现全面发展。

2.3　思想政治教育协同育人的可行性

高校之所以可以实现思想政治教育协同育人，主要是因为两者在这个系统中都发挥着积极作用，内在联系非常紧密。正是因为存在着千丝万缕的联系，两者才更有可能实现协同。

2.3.1　高校思想政治教育协同育人同质性

高校思想政治教育协同育人在高校思想政治教育工作中所起到的作用举足轻重，关于这一点，其重要性不仅体现在理论研究上，在实践中重要性也是一样的。从这个角度来讲，两者具有一致的归属性。其实，高校思想政治教育体系非常复杂，而且还处于动态发展的过程当中，整体体系时而有序，时而无序，正是因为两者之间存在着转化关系，所以体系协同才更具可能性。如果将大学生思想政治教育视为一个整体，那么这个体系就有着明确的

① 马克思恩格斯选集：第一卷［M］. 北京：人民出版社，2012.
② 习近平谈治国理政：第一卷［M］. 北京：外文出版社，2017.

发展目标，有需要达成的任务，也会涉及明确的教育内容与方法，这些要素相互作用，共同构成了完整的教育体系。从宏观层面来说，该系统属于高等教育系统中的一个子系统，所以不管是目标设定还是实现各项功能，都必须严格按照高等教育的系统要求来执行。从自身发展来看，该体系内部也是错综复杂，涉及的教育内容应有尽有，不管是世界观、法治观还是道德观都是其中的重要内容。然而，机制运行需要人力物力等资源进行配合，同时管理学、心理学的理论也会在其中发挥作用。在大学生思想政治教育体系中，协同育人是其中非常重要的子系统，在工作开展过程中，两者也各自有着自己的体系与发展规律。同时需要注意的是，大学生思想政治教育其实和其他教育系统之间的关系也非常密切，比如党政系统、科研系统等。正是因为这些要素纷繁多样，所以大学生思想政治教育系统的复杂性才非常之强。

而且，该系统不管是主渠道还是主阵地，他们各自的系统都有着明显的特点，比如动态开放性、整体性等。正是因为有着这些具体属性，大学生思想政治教育工作才能顺应社会迅速变化的需要，积极调整自身结构，优化教学方法，在新的历史时期更好地满足学生的实际需求。另外，因为系统开放性的存在，所以高校开展思想政治教育工作需要保持和外界的密切联系，及时对子系统的功能进行合理调整，为后续的发展打下坚实的基础。所以，要讨论协同育人这个主题，就要将其放置在大学生思想政治教育的复杂体系中进行全盘考虑，这样才能满足系统论的相关要求，才能更好地完成对系统要素的优化配置，实现系统内部的平衡与协调。在本文当中，协同育人的主体有两个：一是思政课老师；二是高校辅导员。他们都需要重视对信息的汲取，要把握时事发展的趋势，要将自己的所学所想传授给学生，正确规范学生的言行，对他们的思想进行合理引导。只有经过谆谆教导，学生才可以更好地接受这些信息，并将这些内容转化为自己的知识，用以指导实践。从这里可以看出，正是因为思想政治教育工作非常复杂，协同育人才更有可行性。所以需要对系统中涉及的要素进行系统整合，将其整体效应充分发挥出来，最终形成强大的教育合力，才能在高校中打造更为完善与科学的育人格局。

2.3.2　高校思想政治教育协同育人互补性

所谓协同指的是各种要素相互作用，最终在共性和个性方面达成了统一的关系。要想实现协同，前提和基础就是对各要素之间的关系进行协调。高校开展思想政治教育工作也是如此，专业课和思想政治教育课不管是在体系中还是工作中都存在千丝万缕的联系，只有实现组织结构的优化，协同工作才能推进得有条不紊。两者是辩证统一的关系，是落实协同策略的重中之重。体现在具体工作中，协同育人工作在教育目标、具体内容、实际方法等多个方面都存在紧密的关联。

1. 工作目标的一致性

任何行为的推进都是以工作目标为指引，这里提到的工作目标是开展工作所要实现的结果。具体到高校思想政治教育方面，其根本目标就是立德树人，其中又会细化出很多和思想政治教育有关的分支目标。在高校开展思想政治教育工作就是为了帮助学生实现理论和实践的统一，将学习和实践有机结合起来。高校不管是开展日常教育工作，还是进行服务管理，都要紧紧围绕立德树人这个中心目标来展开，要坚定不移地坚持社会主义价值观，积极为社会输送全面发展、综合素质较高的合格人才，让其在社会主义建设中可以发挥出中流砥柱的作用。从这个角度来讲，思想政治理论课其实和日常思想政治教育异曲同工，两者有着相同的目标和发展方向，是对立德树人宗旨的直观体现，开展教育工作的目标就是培养全面发展的时代新人。详细来分析，高校在对学生进行马克思主义教育时，通常会选择从思想政治理论课入手，这是一项专业性很强的教学任务，可以提升学生的政治素养和道德水平，带领他们更加全面地认识世界，同时赋予他们理论联系实践的能力，更好地改造世界，这种教育符合我国当前经济社会发展的客观规律，是与人才发展战略相协调的教育理念。另外，思想政治教育还要承担起实践育人的艰巨责任。具体的教育工作开展可以通过党团活动、心理咨询、班风建设等工作来实施，这些活动可能存在些许差距，不过其根本目的都是带领青少年向更好的方向发展，其中的关键点就是实现思想政治教育和理论课程的有机融合，让两者可以协同发展，如果在这个过程中任何一个环节出现问题，那么都会对高校思想政治教育协同育人工作的开展带来阻力，而育人工作的目标也就难以落实。

2. 教育过程的融通性

高校开展思想政治教育工作的形式多种多样，可以在课堂之上，也可以在实践当中，可以实施线上交流，也可以通过线下互动来完成。不管是虚拟慕课还是现场教学都能达到类似的教育效果，学生可以在潜移默化的学习中得到深刻的领悟。具体的学习内容也非常丰富，学生在这个过程中可以学到系统的理论知识，也能获得道德修养方面的提升。总体而言，整个教育过程中每个环节之间都有着密切的关联，融通性很强，而且可以随着时间和空间的推移而延展。高校思想政治教育工作的开展涉及育人过程的方方面面。第一，在课堂教学方面，可以帮助大学生树立正确的“三观”，这样他们在今后的道路上可以具备明辨是非的能力，不会因为纷纷乱世而迷茫，最终走上错误的道路；第二，在日常教育过程中，学校可以创造条件多进行活动建设，为合理开展育人教育打造多个平台，这样就可以帮助学生更好地理论联系实践，让其在成长中有所领悟。其实在育人过程中，主渠道和主阵地之间一直存在着密切的关联。如果没有理论教学，那么开展实践活动也就没有了可以依托的准则。同理，如果实践环节缺失，那么学生就无法对枯燥的理论有深刻的理解，他们也就不能更好地学以致用。正所谓“知行合一”，只有将“知”和“行”有机统一起来，协同育人的作用才能得以充分发挥，两者之间的互补作用才能得以体现，这是符合新时代发展理念和要求的新的教学尝试。

3. 教育内容的衔接性

在具体的教学内容上，高校开展思想政治教育必然会有所侧重。理论课程的开设主要是进行理论宣导、思想教育，帮助学生树立正确的世界观、人生观和价值观，形成法治理念，获得道德修养方面的全面提升。然而，日常思想政治教育则是从培养学生生活习惯、实践能力等方面入手。虽然两者之间存在着明显的差异，不过其中的关联性更强。首先，理论可以对实践起到指导作用，如果对理论灌输太过重视，而将提升学生的实践能力置之不理，那么理论课的作用也无法发挥出来。而且，因为不能达到学以致用的效果，学生也不会对理论课程产生浓厚的兴趣。久而久之，他们可能还会对这门课程心生厌倦。其次，如果在理论上有所差别，那么具体到实践过程中，这个偏差可能会被无限放大。如果大学生在开展活动时没有正确的理论加以引导，他们的实践活动就会失去方向，最终也会迷茫不知所措。例如，学生都有一颗爱国心，但是到底应该怎样去爱国呢？这个问题如果不能明确，那么学生的实际爱国行为就可能走向极端，他们可能会偏听偏信，最终可能虽然心里爱国但却做出害国的行为。所以在具体的教学过程中，高校应该秉持协同育人的理念不动摇，积极加强教学内容之间的联系，做到有所侧重，同时可以协同发展。坚持理论联系实际，从学生的具体特点出发调整教学方法，帮助他们解决学习和生活中遇到的各种思想问题，纠正他们的思想偏差，这样课程的现实价值才能体现出来，实现马克思主义理论和日常生活的有机联系，将高高在上的理论知识落实到生活的细微之处。学生在进行日常实践时必须要有理论加以引导，不管是进行校园文化建设还是进行党团活动，理论的引导作用都不能忽视。只有这样，理论联系实践的现实意义才能呈现出倍增的效果，而在这个过程中，理论学习的内容得到巩固和加强，协同育人的效果才能得以升华。

4. 工作方法的借鉴性

高校思想政治教育协同育人的工作重心放在育人上，所以在具体工作方法的选择上，可以相互借鉴，互为补充。达成目标的道路有很多，最重要的评价标准就是能否管用。只要能够坚定不移地践行“立德树人”，只要选择的方法具有足够的科学性，就应该将其积极应用到教学实践过程当中。随着网络信息的普及，现代大学生有了更多的渠道可以接触到更多的信息和知识，所以教学方法也应该与时俱进，符合学生的学习习惯，以学生更能接受的授课语言和方法提升他们的学习积极性。而且，在平时思想政治教育工作开展时也应该学习理论教育育人的优点，不能对传统讲授彻底摒弃，要增加活动的思想性和厚重性。通过这样的方法，高校管理队伍的学术高度也能得以提升，学生会对高校老师更加尊重，和老师之间的关系也就更加融洽。其实，思想政治理论课在工作方法上可以归结为八个字，那就是“晓之以理、动之以情”。要让大学生通过学习更加明事理、懂道理，这也是一种将授业与说理有机融合的方法。在具体的教学工作中，老师可以为学生讲各种故事、为他们播放 PPT，这样的方法在效果上显然会比枯燥的说教要强，能够达到以情动人的目的。日常思想政治教育工作比较严肃，而大学生又正值人生中最为活跃的阶段。所以，日常学术工作的开展一定要注意严肃性与正式性，假如没有纪律约束，那么活动的效果可能就无法达成。另外，高校教师要针对学生的盲目攀比、玩游戏没有节制等问题进行劝导，不能让学生在不正确的道路上越走越远。客观来讲，上述工作方法对高校思想政治教育协同育人工作来讲只是刚刚开始，这是一份具有复杂性的工作，只凭借一种工作方法显然无法达到效果，所以要重视对“他山之石”进行引导。只有多措并举，育人工作才能卓有成效。

2.4 高校思想政治教育协同育人的现实基础

不管是什么类型的科学理论，如果想要达成在现实中得以实现的目的需要有两个条件，一是现实生活需要对该理论有所需求，二是现实生活中具备充分的理论实现条件。我们所处的时代正在迅速的发展当中，国家需要高校培养更多的优秀人才，所以高等教育也要对当前的教育方式进行调整与改革，积极创新，跟上时代发展的潮流。从高校的角度来讲，需要对当前的教育模式进行合理调整，打造更为完善的协同育人模式，将各个学科和专业覆盖，有效实现专业课和思想政治理论课的有机融合。要想达成这个目的，就要不断健全当前的教育政策，实施统一而完善的管理，协调专业课和思想政治理论课之间的关系，让两者协同共进，互为补充，找到发挥协同效应的关键点。

2.4.1　一致的教育目标明确协同方向

人们不管从事何种社会活动都带有明确的目的性。关于这一点恩格斯曾经说过："在社会历史领域内进行活动的，是具有意识的，经过思虑或凭激情行动的、追求某种目的的人。"① 如果个体具备充分的思想意识，那么其在实践过程中就能积极发挥自身的主观能动性，采取有效措施达成自己的目的。这也可以激发人们参与生产活动的积极性，高效实现各种目的。

通常情况下，个体有着不同的利益，他们的追求和目标也各不相同。不过，如果多个个体处于同一体系当中，那么他们之间存在共同利益诉求的概率也会更大，正是因为有着共同的利益诉求，他们才更有可能在一个系统中长期共存。在高校内部，之所以可以将专业课和思想政治理论课联系起来，最终达成协同育人的目的，就是因为两者所持有的教育目标在根本上是一致的。作为开展思想政治教育的主要阵地，思想政治理论课主要是帮助学生学习更多的马克思主义知识，让他们可以在大学阶段就更好地立德树人。在高等教育的具体教学工作开展过程中，专业课的作用是为社会培养更多全面发展的人才，所以从这个角度来讲，两者可谓是异曲同工，目标一致。

一方面，树立了正确的目标，可以为发展指明方向。"任何事情的发生都不是没有自觉的意图，没有预期的目的的"。② 个体从事任何活动都离不开自身意识的指导，正是因为意识在发挥着重要作用，所以个体才能在实践中顺利达成既定目标。而高校教育所肩负的任务就是为国家和社会培养综合素质较高、可以全面发展的优秀人才，让他们可以在社会上做出自己的贡献，为国家发展与社会进步起到积极作用。要想实现这个目标，高校就要积极促成专业课和思想政治课程的有机融合，让两者可以协同发展，最终达到育人

① 马克思，恩格斯．马克思恩格斯选集：第 4 卷［M］．北京；人民出版社，1995.

② 马克斯，恩格斯．马克思恩格斯文集：第 4 卷［M］．北京；人民出版社，2009.

的目的。正是因为有了育人这个共同的目的，所以专业课可以和思想政治理论课程协同发展，同向而行，这也是两者能够实现价值融合的关键契合点，可以为高校的发展指明方向。有了这个前提和基础，高校进行协同育人也就有了明确的目标，可以积极实现教育资源的优化配置，将协同作用充分发挥出来，创造一切条件更加高效地实现既定教育目标。

另一方面，正是因为有了目标的存在，才能将更多的力量聚集起来。当教育目标得以确立，实现专业课和思想政治理论课程的融合也就有了动力与基础，各种教育资源可以在最短的时间内达到最优的配置效果。另外需要强调的是，协同育人强调的是协同的作用，不是让其中的某一个学科自己起作用，也不是将多个学科毫无意义的叠加起来。正是因为有了协同，所以教育的动力得以产生，教育目标更容易实现。好的教育目标可以让人们看到目标和行动之间的差距，才能更加主动地发挥个体能动性，通过积极发挥创新精神而推动实践发展。在个体的不断努力当中，自身的素质可以得到提升，也能更好地满足社会发展需要。也正是因为有了发展动力，教育资源可以优化，各种力量得以协调，所以协同育人工作的发展也就更加顺利。高校应该坚定不移地树立立德树人的发展目标，坚持一切从实际出发，实现教育育人和价值引领的有机融合，坚持服务与管理同步发展，在实践中完成时代赋予的责任。

2.4.2 互补的教育内容奠定协同基础

之所以认为专业课和思想政治理论课之间具有互补性，主要是因为两者可以共同满足社会发展的现实需要。任何教育内容所体现的都是教育目标。从专业角度来说，专业课和思想政治理论课之间的互补关系并不强。不过如果将两者放置在社会发展的体系中来审视，那么其互补性就得以体现出来。在教育过程中，教师将各种教育内容传授给学生，学生将这些知识消化之后又应用到实践当中。在这个过程中，学生可以得到全面发展，也能顺利实现社会教育目标。高校在促成专业课和思想政治理论课的融合过程中，要保证学生将两方面的学习同时兼顾到。所以在具体的教学过程中，教师需要帮助学生树立正确的“三观”，端正政治立场，让学生可以做到德智体美劳全面发展，不能让学生只会自己专业领域内的知识，而对提升道德修养毫不重视。

从本质上讲，思想政治教育就是对学生进行道德与思想方面的培养，把社会主流意识思想灌输给在校大学生们。在学生提升思想品德水平的过程中，思想政治教育所起到的作用不容忽视。这里提到的学生是泛指所有高校的大学生，而不是就读于思想政治教育专业的少数人。随着世界经济一体化的趋势不断加强，我们的社会形势更加复杂，各种社会思潮也有着明显的多元性特点。大学生正处于思想意识最为活跃的阶段，他们的三观正在形成当中，很多思想和理念并不成熟，也不是很有主见和辨别力。所以，如果在面对不当言论时可能就会轻易受到影响。这对大学生的发展显然是不利的，严重的还会影响国家和社会的发展，这也给高校开展意识形态教育带来了很多的挑战。尤其是在反马克思主义思潮较为猖獗的情况下，高校应该重视意识形态领域的建设工作，积极作为，争取意识形态领域斗争的胜利。在具体的教育工作开展中，高校应该以思想政治理论课堂为主要战场，引导学生更加系统全面地学习马克思主义理论知识，端正学生的思想意识，让他们树立正确的世界观、人生观和价值观，更加扎实地学习各种理论知识，并将其积极应用到实践当中，为国家和社会做出应有的贡献，让自己的社会价值得以实现。

在日常的思想政治理论学习过程中，虽然教师多是进行理论方面的传授，但是不能忽视理论在实践方面的指引作用。那么在这个过程中，就需要有一个载体发挥作用，可以推动理论迅速而有效地转化为实践。从实际情况来看，思想政治理论课从形式转化为实践已经存在了不少的载体，不过我们也应该看到，因为专业局限性的存在，很多载体并不具有灵活性，也不能激发学生的学习积极性，实践可操作性并不强。所以，应该积极发挥专业课平台的作用，将各种思想政治理论元素融入专业课当中。通过这种方式，学生在上专业课时就可以同步接受思想政治理论知识教育，他们既可以学到理论知识，自己的道德修养也能得到提升，可谓是一举两得。

2.4.3 统一的教育管理推动协同发展

从一定意义上说，高校专业课和思想政治理论课都是教育活动的具体形式。虽然涉及的要素多种多样，但是各要素之间的关系非常紧密，他们相互配合，高校才能更好地完成人才培养工作。美国学者小詹姆斯·H·唐纳利在分析中提到“管理就是由一个或更多的人来协调他人的活动，以便收到个人单独活动所收不到的效果而进行的活动”。① 高校如果可以实施科学有效的教育管理，那么就可能对各种教育资源进行合理优化配置，将专业课和思想政治教育工作有机联系起来，推动协同育人工作健康有序发展。

第一，从高校建设的实际情况来说，党委领导下的校长负责制是我国高校领导体制长期探索的历史选择。1989 年党的十三届四中全会后，中央正式明确高校实行党委领导下的校长负责制，进一步强化党对高校的领导，在这一领导体制的保证下，高校踏上了健康发展的快车道。② 在高校办学中，党委实施统一领导，这也是我国高校办学的政治方向。在这种管理理念的指引下，高校内部的各个部门都各司其职，齐心协力地将教育职能落实在具体工作当中，并能形成强大的教育合力。这是中国特色社会主义体制在教育领域的一种体现，显示了社会主义优越性，也能更好地帮助高校完成教育资源的优化配置。高校在办学中要对教师提出明确要求，即要在专业课的教学过程中融入思想政治教育的基本内容，实现两者的有机联系，让学生在提升专业能力的同时具有高尚的道德修养，树立正确的价值理念。通过这样的方法，高校协同育人的效果也将更加明显。高校在办学中要建立明确考核机制，对任课教师进行合理约束，提升其协同育人的思想意识，在工作中积极发挥主

① 小詹姆斯·H·唐纳利．管理学基础——职能、行为、模型［M］．北京：中国人民大学出版社，1982.

② 徐军．坚持和完善党对高校全面领导的体制机制［J］．思想理论教育，2021（04）：74–79.

观能动性，保证协同育人工作可以切实地落到实处，推动专业课与思想政治理论课的科学融合和顺利发展。

第二，高校所设立的马克思主义学院其主要工作就是进行马克思主义研究，作为一个学术单位，该学院需要负责落实具体的思想政治教育工作。关于这一点，教育部颁布的《普通高等学校马克思主义学院建设标准（2019 年本）》阐释了马克思主义学院的主要职能就是开展思想政治理论教育工作，积极推动教育改革，端正教师的教学理念，稳步提升教学质量，帮助学生更好地学习思想政治理论知识，为他们今后进入社会开展实践活动打下良好而坚实的基础。在教材的选择方面，高校的教材都是受过严格审核的，具体到思想政治理论课的教材更是严谨性极高，通常选用的教材都来自“马克思主义理论研究和建设工程”。在选择专业课教材时也会先通过审核小组的审核。按照这个程序订购到的教材不会出现社会主义政治方向方面的失误，也能兼顾学生的个体发展需求。总体而言，高校在进行教材选择时需要满足思想政治教育发展的需求，这是推动专业课和思想政治理论课协同发展的重要一步。

总而言之，高校不管是选购教材、开展教育还是实施教育管理都必须按照严格的程序来操作，这也为高校课程的协同发展打下牢固的基础。高校可以从管理角度构建更加科学的发展格局，为后续协同育人工作的开展保驾护航。

2.4.4　完善的教育政策保障协同质量

我们的国家一直都非常重视教育，也采取了各种措施对教育工作的开展进行支持与辅助。不管是“百年大计，教育为本”还是“科教兴国”，这些政策的颁布都体现了国家在这个方面的重视程度。如今，教育工作已经上升到国之大计的高度，这是教育在政党和社会中重要性的直观体现。在现代社会，为了满足教育现代化发展的现实需求，国家又出台了多项政策旨在提升教育质量，这也为高校教育工作的开展打下了牢固的基础。教育工作开展的关键就是“育人”，积极引导育人工作和思想政治理论课程有机融合，多措并举地完成高校育人工作。

1951 年，教育部针对华北地区高校工作的开展专门颁布了工作指示，希望发挥辩证唯物论的作用，推动教学工作积极开展。教育部在指示中提到：“高校开展教育工作必须建立完善的教育组织架构……积极建立起革命思想政治教育和普通课程之间的联系，不能将二者割裂看待。”这份工作指示明确提出，如果将两类课程标准区别对待那是不正确的，必须在两种课程中建立起必要的联系，取长补短，相互支持，将育人工作更好地推进下去。高校在开展教育工作时“不能只以教授业务课为主要目的，而是要对思想政治科目予以足够的重视，将其列入正常教育计划当中，并保证其严格落实，不打折扣”。需要密切思想政治理论课和其他课程之间的关系，让各种课程相互融合，互为补充，全力以赴地保证教育工作的顺利完成。1957 年，毛泽东同志发布了一篇关于处理人民内部矛盾的文章，在其中指出“不论是知识分子，还是青年学生，都应该努力学习。除了学习专业之外，在思想上要有所进步，政治上也要有所进步”。[①] 毛泽东同志认为，对知识分子来说，提升文化水平固然重要，思想道德素质的提升也是刻不容缓的。所以学习和政治要坚持两手抓，不能有失偏颇。只有思想端正，才能为行为发展指明方向。1985 年 8 月，我国正式颁布的《关于改革学校思想品德和政治理论课程教学的通知》明确提到“在思想政治教育方面，研究生阶段是对大学阶段的一个进一步提升，而且，有关思政教育的开展需要和专业学习相协调”。这份通知的颁布为当时研究生教育工作的开展指明了方向，即实现专业课和思政理论课的有机融合。和大学教育相比，研究生教育更应该重视在专业课中对思想政治内容进行挖掘，将两者巧妙地联系在一起，让学生不仅提升了自身的专业能力，同时树立了端正

① 毛泽东．毛泽东文集：第 7 卷［M］．北京：人民出版社，1999.

的“三观”。

随着 21 世纪的到来，党的执政环境和之前相比发生了翻天覆地的变化，所以高校教育也要同步做出调整，只有这样才能更好地跟上社会发展的步伐。党和国家一直非常重视人才培养的问题，也将这个重任交托给各大高校。2004 年，在《中共中央国务院中关于进一步加强和改进大学生思想政治教育的意见》中做出了明确的指示：“高校应该对思想政治教育工作予以足够的重视，将其融入专业学习、科研和社会服务过程当中。要实现教育资源的优化配置，在开展专业课教育时多多进行思想政治教育，这样学生就可以在提升自身专业素养的同时实现道德修养的同步提高，成为更加合格的社会主义接班人。”2005 年，教育部颁布的《关于进一步加强和改进高等学校思想政治理论课的意见》提到“需要对当前的教师来源渠道进行拓展和延伸，引导专业课教师在完成教学工作之余同步进行思想政治教育工作，创造更多的条件让专业教师和思政教师多多沟通”。教师需要认识到，思想政治工作所包含的范围非常广泛，传统的思想政治理论课只是其中的一项，这项教育工作的开展也不能只依靠思想政治理论老师，而是要全部高校教师通力合作，全力以赴，育人工作才能达到更好的效果。

高校思想政治工作的开展受到了社会各界的广泛关注。所以从高校的角度来说，需要审时度势，紧跟时代发展的步伐，实现目标导向和问题导向的有机融合，坚持一切从实际出发，革故创新，逐步健全与完善顶层设计，为教育领域的改革打下牢固的基础。具体的创新工作可以从六个方面开展：一是育人方式；二是办学规模；三是教育方法；四是培养模式；五是管理体制；六是评价机制。这些创新工作的完成可以为培养全面发展的高校人才做好铺垫工作。

2015 年 7 月 27 日，我国颁布的《普通高校思想政治理论课建设体系创新计划》中提到“积极推动思政理论课和专业课的有机融合，将高校育人工作的作用充分发挥出来，落实教师所承担的育人责任”。这份计划的创新之处在于对高校育人的范围进行了拓展，同时对教师的职能进行了强调，而且明确了加强课程体系建设的重要性。从多个角度出发，高校对育人工作进行科学合理的规划和统筹，将思想政治教育信息融入专业教学工作当中，帮助学生树立正确的世界观、人生观和价值观，引导学生更好地发展。通过这样的尝试和努力，可以为育人工作的开展打下坚实的基础。2016 年 12 月，中共中央总书记、国家主席、中央军委主席习近平出席全国高校思想政治工作会议并发表重要讲话。他强调，高校思想政治工作关系高校培养什么样的人、如何培养人以及为谁培养人这个根本问题。要坚持把立德树人作为中心环节，把思想政治工作贯穿教育教学全过程，实现全程育人、全方位育人，努力开创我国高等教育事业发展新局面。要想实现这个发展目标，高校所开设的每门课程，都要具体落实育人作用，重视对人才的培养，这样才能为国家输送一批又一批的合格人才。

2017 年 12 月，随着《高校思想政治工作质量提升工程实施纲要》的颁布，高校在课程设置方面有了可以遵照的标准和准绳，高校开始认真审视如何在专业课程开展中融入思想政治教育的内容，同时也对思想政治教育的功能性予以足够的重视，积极配置各种教育资源，有效推动思想政治教育和专业课教育的融合，在此基础上推进高校教育改革，达到课程思政的教育目的。要重视找到课程思政和专业思政之间的联系，并将思想政治元素巧妙地增加到各个专业课当中，打造具有创新意识的思政专业课堂，选拔出在这方面表现优秀的教师，并在全校范围内推广。总之，要实现思想政治教育和专业教育的系统联系，充分发挥高校育人的作用。这就需要高校中的每门课程都积极中发挥作用，在教学实践中各尽所能，各显所长，突出课程思政的教育理念，打造更加完善的高校教育体系。2019 年 8 月，教育部颁布了《关于深化新时代学校思想政治理论课改革创新的若干意见》，在这份意见中对思想政治理论课的重要性进行了格外强调，指出其在推动国家教育事业发展中的作用，明确提出在未来的教育工作开展中，需要充分发挥专业课程和思政课程之间的协同作用，形成协同育人合力。同时，意见中还提出了具体的解决思路，也对当前高校中具备的思想政治教育资源进行了优化配置，所有这些措施都是为了更好地推动专业课程和思政课程的融合，为高校育人工作的开展提供强大的政策支撑。

时代在不停地进步，高校必须审时度势，积极改革自身教育机制，制定明确的教育发展策略，紧跟上时代发展的步伐，这也可以为协同育人工作的开展打下坚实的基础。积极推动专业课和思想政治理论课的有机融合，是顺应时代发展的创新之举。高校在这个问题上要具有前瞻性，积极打造具有时代性的育人格局，创造尽可能多的条件推动专业课和思政课的协同发展，对当前的育人体系进行完善和健全，将教育在国家和社会发展中的积极作用充分发挥出来。

第 3 章　高校思想政治教育协同育人机制的内涵与依据

“协同育人”理念，与目前高等教育发展存在异曲同工的作用。高校思想政治教育机制在发展过程中，把“协同育人”理念融入其中，除了能够回应目前高校改革，也能够全面增强学校人才培养质量水平。因此，高校做好“协同育人”机制建设，能够整合教育资源利用率，发挥不同主体间的优势，实现思想政治教育最大化育人目标。所以，我们在优化育人机制建设期间，应该时刻以“育人”为指导，做好校内外优质资源优化整合，在思想政治教育协同育人机制建设中把不同育人要素纳入其中，增强不同要素整体利用水平。

3.1　高校思想政治教育协同育人机制的内涵与架构

高校思想政治教育具有实践性、理论性的特点，加强对高校思想政治教育做好深入分析，首先必须要从深层次入手来研究有关理论，这是做好相关研究的重要前提和保障。相应地，研究大学生思想政治教育协同育人机制，也应该从理论研究入手。其中，思想政治教育协同育人机制涉及内涵非常丰富，在对其不同子概念进行系统理解的基础上，能够对各种概念形成一个全面深入的认知，从而能够更好地促进对大学生思想政治协同育人机制的分析。

3.1.1　协同与协同育人的内涵及辨析

协同，其含义是“各方互相配合或甲方协助乙方做某件事”①。从中我们能够看出，协同是注重不同主体拥有互动目标性并且通过不同主体彼此合作来达到共同目标的现象。协同也是协同学中基本的概念。协同学理论对“协同”的概念是这样界定的：“在复杂系统内部，不同子系统间彼此配合与相互影响形成合作与协同效应。在协同作用下，系统维持在自组织水平下，表现为宏观层面就是该复杂系统拥有的结构与功能。”思想政治教育系统具有复杂性的特点，其中涉及诸多不同子系统。某种层面上，系统内不同要素表现出的协同合作水平，将直接关系到学校教育目标以及学校育人效果能否实现。所以，不管是针对理论教育，还是针对实践教学，均应该处理协调好思想政治教育和协同理念的联系，这样做具有重要作用。现在，针对协同的含义，专家学者对此并未形成统一的界定，国外学者在各自研究领域下也对其有不同的界定。如，从协同的表现、产生等各个角度来进行概念界定。

不过，结合现有分析结果，笔者指出，协同，能够概括为“在某种寻求系统整体最优为目标模式影响下，系统内不同主体借助自我优势，运用非线性彼此影响，加强配合交流，确保系统更为平稳有序向前推进，在自组织功能基础上能够达到协同效果，在宏观角度能够达到全新有序水平”。在很早时期便已出现了协同思想。相应地，现代意义上的协同理论的创立者为赫尔曼·哈肯。20 世纪 70 年代，作者创造性地提出协同学理论体系。结合协同理论，其重点表现为处于非平衡态的开放系统下怎样借助系统内部协同，促进有序结构科学合理形成发展，同时可以和外界之间开展能量交换与物质交换。与此同时，《协同学导论》《高等协同学》等著作对协同理论进行了深入全面的论述。随后，在《协同学——大自然构成的奥秘》一文中，作者哈肯对“协同学”的概念进行了界定：“协同学是一门在普遍规律支配下的有序

① 程肇基．地方高校服务区域经济建设研究：以江西为例［M］．北京：人民出版社，2018.

的、自组织的集体行为的科学。”[①]

哈肯以诸多复杂开放系统为切入点，对它们从旧结构朝着新结构转变发展中存在着的相似之处进行系统研究，寻找如何从无序状态朝着有序状态转变发展的规律，由此能够得到系统内部诸多子系统协同效应有助于促进系统整体性的产生与发展。总之，协同论出现之后，在不断发展中应用愈发广泛，存在普遍适用性的特点。

1. 协同效应

协同效应，即在复杂的系统发展中，内部不同组成要素彼此影响而出现的整体效应结果。其中，不管是在社会系统，还是在自然系统，当且仅当出现能够和外部环境出现资源和信息能量的交换，系统内不同子系统便能够出现协同效果。相应地，在这一作用影响下，能够确保系统处于临界水平时出现质变，由此发生协同效应。在这一效应影响下，能够令系统从无序状态朝着有序状态方向转变，确保系统发展能够形成稳定结构。

2. 伺服原理

伺服原理，着重分析了系统发展中稳定因素与不稳定因素彼此影响期间，系统内快变量服从慢变量，形成系统自组织的过程。其中，在不稳定区间以及稳定区间所处的临界位置，仅仅存在序参量。这里，部分集体变量在很大程度上会对子系统其他变量行为产生支配性效果，确保系统能够顺利运转。

3. 自组织原理

自组织原理，表现为某一系统在不接受外部指令背景下，不同子系统发挥自身自主性及内在性，结合某一规则，借助不同子系统彼此协作交流，由此构成相应的功能及结构。系统出现自组织行为的关键条件便为系统非线性作用。换句话说，非线性作用，表现为系统内不同子部门和不同子系统间存在的彼此联系，使得不同系统中出现任何细微变动，均会对系统带来较大的

① 赫尔曼·哈肯．协同学：大自然构成的奥秘［M］．凌复华，译．上海：上海译文出版社，2013.

影响。总之，在协同作用影响下，系统可以自行发展演化，由此能够达到一种功能有序状态。

在汇总阅读有关文献时能够发现，针对协同育人理论，即便专家学者对此进行了大量研究，目前也没有对协同育人的含义有一个权威的界定。其中，徐平利曾将其诠释为“各个育人主体以人才培养和使用为目的，在系统内共享资源、积蓄能量的有效互动”[①]；袁小平将其定义为“两个或两个以上的不同资源或个体……在系统内坚持资源共享、优势互补、责任分担、利益互赢、能量积蓄的原则，共同培养符合社会所需要的高技能人才的有效互动过程或活动”[②]；也有学者指出“协同育人，表现为两个及以上办学主体借助彼此合作交流，发挥各自优势，一同研讨培养规划，提升对教学资源利用效率，增强学生实践创新水平，能够结合社会发展实际来开展的一种人才培养模式。”[③] 在本文分析中，笔者对协同育人是这样界定的，即高校内部结合社会发展实际，在思想政治教育系统内，在协作交流基础上提升资源共享效率，共同促进人才全面发展的一种实效互动过程。协同育人理念关注不同育人主体做好配合与沟通，提升整体效能水平，相应地，在能够规避不同育人主体各自为战情形的同时，有助于增强教育质量，确保既定育人目标能够实现。

3.1.2　机制与思想政治教育机制的概念

机制这一概念最早从西方引入。起初，机制主要在自然科学领域有着广泛应用，表现为事物及自然现象的作用流程和功能。在自然科学向前推进中，社会科学领域研究中也开始使用“机制”一词来表示形成社会不同要素的关系

① 徐平利．试论高职教育“协同育人”的价值理念［J］．职教论坛，2013（01）：21-23.

② 袁小平．高校思想政治教育与创新创业教育的协同育人模式研究［J］．教育评论，2014（06）：100-102.

③ 蔡志奇．应用型本科协同育人模式多样化刍议［J］．教学研究，2014，37（4）：5-15.

及原理。也就是说，机制表现为一种彼此制约、影响并自我调节的关系，以及在不同要素中出现的运行流程及彼此作用模式。所以说，机制除了涉及静态内部不同子系统自身及其彼此联系之外，还涉及动态作用及运行流程。

关于思想政治教育机制，专家学者分别从各个层面概括了其含义。其中，陈淑丽强调，针对思想政治教育机制，即思想政治教育系统不同构成要素在能够按照有关机理前提下彼此影响而产生的具有稳定性的联系及运作模式。① 同时，赵志军在分析中，则主要从思想政治教育管理机制层面进行分析，着重研究概括了思想政治教育机制管理功能。② 在汇总整理专家学者研究成果基础上，笔者指出，在对思想政治教育开展分析中，应该从动态化、整体性角度进行分析，在注重该复杂系统下不同组成要素的同时，还应该关注不同要素彼此影响下形成的整体；除了要对思想政治教育机理及原则进行研究，还应该分析以此为前提不同要素的运行状态。

3.1.3 高校思想政治教育协同育人机制的含义及特征

在对前人理论进行汇总整理基础上，我们对高校思想政治教育协同育人机制的含义进行下列界定：即在坚持协同育人原则前提下，肩负有思想政治教育任务的不同子系统，不同组成要素之间彼此影响互相关联，同时为了能够达到既定的育人目标而产生的一种协作、衔接的内在运行方式及流程。

高校思想政治协同育人机制主要表现为以下特点。

一是系统性。高校思想政治教育协同育人机制作为一种复杂系统，其中由诸多要素构成，主要在优化协同不同构成要素基础上，确保使其能够达到完整稳定的水平。这一方式，旨在能够令不同要素形成的最大化效能，达到

① 陈淑丽，罗洪铁 . 思想政治教育机制及相关概念辨析［J］. 思想理论教育导刊，2012（02）：79-82.

② 赵志军，于广河，李晓元著 . 思想政治教育管理学［M］. 北京：中国社会科学出版社 .2009.

目标最优化状态。所以，机制建设需要从宏观角度入手，推进系统内部最优结构构建，全面提升系统整体效果最大化状态。

二是互动性。高校思想政治教育工作开展中，如果仅仅凭借单一领域、单一主体很难能够达到既定的育人目标，同时不同育人主体间存在很大的联系性，而不是彼此孤立的。所以，我们应该加强不同育人要素间的优化整合，在确保不同育人要素可以独自起到思想政治教育育人作用的同时，不同主体之间也能够彼此影响配合来确保能够实现既定教育目标。

三是动态性。高校思想政治教育协同育人机制在发展期间，并非只是一个静态概念，其中还涉及系统内部动态性因素。动态性特征告知我们要应用发展的观念来分析其运营模式，了解协同育人机制并非长久不变的。相应地，它会随着现实实际的改变而进行合理优化调整，达到最佳适应状态。

机制研究分析中，要素是其中主要对象之一。机制运行，表现为内部不同要素彼此影响、彼此关联并达到既定功能及发展目标的状态。所以，深入分析研究机制内部不同要素和要素间的联系，可以给优化完善协同育人机制提供参考。我们在对该机制开展要素分析时，应该重点关注一下几个不同方面的内容。

①主体要素，即在机制内具有思想政治教育任务的组织及个人，结合对应领域的不同，能够将主体要素划分为校内育人主体、校际育人主体、校外育人主体三个不同的方面。其中，校内育人主体为在高校内部专门开展与思想政治教育有关的工作的教职人员，诸如思想政治理论课教师、校内管理人员等均可以算入其中；校际育人主体为不同高校为了能够达到协同育人的目标而形成的联合育人组织的成员，诸如权威专家学者、优秀思想政治理论课教师等；校外育人主体主要为在校外的以思想政治教育为主要任务的组织及个人。

②客体要素，为思想政治教育育人对象。结合本文研究实际，高校本科生是其中客体要素。其中，高校思想政治教育协同育人机制构建期间，教育客体配合能够最大程度激发教育主体育人热情，增强育人质量水平。所以，

我们执行客体激励中，需要借助科学合理的方式进行，全面增强大学生群体的参与热情，有效发挥学生及学生团体的能动作用，确保他们能够积极地融入高校思想政治教育工作中来。以此为前提，在和教育主推彼此合作基础上，确保机制顺利开展。

③介体要素，即与思想政治教育有关的方式方法。高校思想政治教育协同育人机制涉及的教育内容非常丰富，相关教育内容主要表现为人生价值、职业道德、爱国理念、世界观等不同方面。同时，教育方式也具有多元化的特点，涉及知识讲座、网络授课、榜样传播等。实际教育实践开展过程中，教育者应该改变原有的说教模式，借助大学生能够接受的方式方法，确保教育内容能够对大学生群体产生潜移默化的影响，引导大学生能够将其转化为行动的动力。只有这样，才能够真正地发挥机制影响力。

④环体要素，表现为机制运行期间，与之相关的各种内外环境，除了涉及宏观环境因素之外，还涉及微观环境。结合思想政治教育开展实际，其微观环境具体涉及学校学风环境、课堂教学环境、师资力量情况等。而其宏观环境则具体涉及国家宏观政策、企业育人环境、社会发展环境等。某种层面上，环境要素将会对大学生思想政治教育协同育人机制运行产生很大的促进效果或者抑制效果。

⑤机制分类和彼此关系。目前，针对思想政治教育机制划分，专家学者并未形成确切的权威观点，不同学者由于分析问题角度的差异，提出的有关分类标准也存在较大的差异。本文研究中，笔者对思想政治教育机制的划分标准主要从机制功能、机制所属范围两个角度进行分析。

从机制功能角度，我们能够分别从激励机制、运行机制、保障机制三个角度对高校思想政治教育协同育人机制进行分析。其中，运行机制，即对思想政治教育活动造成影响的，能够彼此关联与影响的各种工作方式的总称。健全平稳的运行体系，有助于确保思想政治教育实践活动能够更为高效运转。激励机制，也就是能够借助达到个体精神及物质需求的形式激发要素在系统运行期间的能动性体系。借助激励机制，能够最大限度地提升思想政治教育主体与客体的能动性水平，确保能够实现最大化效果。保障机制，也就是专门给思想政治教育协同育人提供与之适应的内部条件与外部条件，这样能够确保思想政治教育能够顺利开展。具体来讲，按照保障内容的不同，保障机制主要划分为组织保障机制、物质保障机制以及队伍保障机制。

结合机制运行范围的差异，该协同育人机制能够具体划分为校际协作机制、校内运行机制、校外联动机制三种不同的类型。校内运行机制，表现为高校内部思想政治教育体系，具体涉及高校管理、高校服务及日常教学等不同方面彼此协作的体系，在学生整个大学时期均存在的一种“全过程”机制，并且有效借助不同教育载体来确保教育实践活动开展的健全体系。校际协作机制，表现为不同高校间存在的思想政治教育机制，主要涉及校际优质思政课程资源共享体制、区域性高校联合培养机制等。校外联动机制，表现为凭借高校外部不同育人要素构成的一种育人体系，主要涉及产学研联动育人体制等。

结合差异化标准，以高校思想政治教育协同育人机制系统为分析对象，对其中不同子机制进行划分，不过从思想政治教育实践开展期间，不同具体机制间的界定并不是非常严格，各个机制间是彼此影响、彼此关联的。也就是说，当且仅当不同机制及要素能够形成完善系统的联系，思想政治教育育人功能才能够充分显现出来。所以，机制构建期间，首先我们需要确定机制存在的必要性，明确不同机制及其对应的作用，妥善处理协调好不同机制的关系；其次，了解不同机制在功能及结构上具有交叉性，机制运行期间，针对其中有关机制功能不能够过于弱化或者过于强化。比如，运行机制具体能够划分为校内、校际、校外三种不同的机制，不过不管选取何种机制，在很大程度上与保障机制、激励机制息息相关。

哈肯作为协同学创始人，分别从下列两个层面对协同学发展趋势进行概括：一方面，不同结构主体开展协作，用相同的目标对系统组成部分进行整合；另一方面，交叉学科的发展，不同学科间协同优化。作者强调：“协同学所以广泛应用的重要原因在于，它的基础是一些最普适的基础理论和方法，主要包括概率论、信息论、随机论、动力论。”[①] 将协同学理论纳入到思想政治教育不同参与主体中来，由此形成高校思想政治教育协同育人机制，具有动态性的特点。本文在分析中介绍了从普遍意义层面借助协同学理念来对高校思想政治教育系统结构予以优化，在此基础上能够更好地促进协同机制不同要素有序推进。

高校思想政治教育协同育人机制的含义在本文研究中，表现为思想政治教育系统内不同子系统表现出的一种彼此关联、彼此影响的协同关系。其中，除了涉及不同构成要素关系，还涉及外部环境以及协同育人系统间的联系，指出在运行期间，不同子系统协同借力基础上形成的一种互助关系。也就是将协同育人主体、目标、方式等有关要素联系起来，从而影响思想政治教育总目标的实现情况。该机制下，不同主体借助整合，在推进协同实践发展中，对其中不同要素在内在运行中存在的内在关联，都是在增强学生素质水平为基础上进行的。具体来讲，协同育人将经历这样的流程：信息转换→交流协调→沟通合作→协同实践。理想情形下，一旦形成协同育人机制，育人外部环境出现不确定性改变时，考虑到协同机制中诸多子系统形成的彼此影响而形成的一种协同力量，其形成的过程控制及机制预警能够产生缓冲效果。其中，缓冲过程中，能够在短时间内对策略进行调整，由此能够免受干扰而能够达到共同育人的效果。高校思想政治教育协同育人机制发展中，其核心与关键便是确保思想政治教育育人目标具体化。也就是说，做好协同育人机制平衡发展，由此能够达到个人目标、集体目标的相同状态。这一机制影响下，受到协同作用的影响，其终极目标便是确保不同要素集体价值能够产生适用性与吸引力。

---

① 赫尔曼·哈肯．高等协同学［M］．郭治安，译．北京：科学出版社，1989．

3.2　高校思想政治教育协同育人机制的理论依据

不管是在马克思主义理论体系中，还是在中国共产党理论体系中，其中诸多观点均存在着协同育人的元素。其中各种理论均不同程度地对协同育人的概念进行了直接或者间接的说明，有助于我们更为全面地对大学生思想政治教育协同育人机制开展分析研究。在本节分析中，我们主要对协同育人机制相关理论进行深入概括总结。

3.2.1　马克思主义的普遍联系观和历史合力论

马克思主义从系统科学层面引导我们如何认识世界，掌握社会发展规律，从而来改造世界。马克思主义存在前瞻性的特点，也给人们开展思想政治教育协同育人机制相关分析提供理论支持。唯物辩证法是马克思主义理论中最重要的理论组成，辩证法中的内容核心便是强调联系、发展的观点，从本质上对事物发展规律进行阐释。马克思主义哲学原理的科学性和实践性，为我们做好大学生思想政治教育协同育人机制分析提供了很好的理论支持。

1. 马克思主义的普遍联系观

唯物辩证法深刻阐述了普遍联系、永恒发展的联系。其中强调："联系是一个普遍的哲学范畴，是指一切事物、现象之间以及事物内部诸要素之间的相互依存、相互影响、相互制约和相互作用。"[①] 普遍性、客观性是联系的主要特征，指出我们应该从联系层面来进行问题分析，从全面角度对事物进行分析。高校教育教学实践工作开展中，思想政治教育作为其中重要组成部分，与不同领域和其他学科之间彼此影响和关联，共同构成系统健全的高校学科教育体系。其中，高校思想政治教育工作顺利开展，除了要求我们协调高校内、不同高校间以及高校外多元化育人要素关联，确保这三个层面能够

① 肖前．辩证唯物主义原理［M］．北京：中国人民大学出版社，1995.

协调发展并维持一致性，还需要关注三者内部不同要素的协调和配合。思想政治教育工作开展中，如果忽略用联系的观点来分析处理问题，仅仅关注某一方面的发展，必将会影响到其他方面，乃至对整体育人功能发挥造成制约性影响。所以，建立健全有关机制体系过程中，我们需要从联系角度来分析问题，在协同育人机制建设期间融入不同育人要素，做到能够从宏观角度进行分析。这样，才能够协调统筹好整体、局部间的联系，推进高校思想政治教育协同育人机制建设。

马克思唯物辩证法理论中，普遍联系观点是其中重要的基本原则之一。马克思指出，事物间及其内部不同要素之间存在彼此制约与影响的关系。事物普遍联系观集中表现为联系具有物质统一性的特点。世界万物均处于普遍联系之中，恩格斯指出："当我们深思熟虑地考虑自然界或人类历史或我们自己的精神活动的时候，首先呈现在我们眼前的，是一幅由种种联系和相互作用无穷无尽地交织起来的画面。"[①] 所以，从中可知，不管是在精神世界，还是在物质世界，普遍联系性是无处不在的，并且联系还具有客观性特点，人们的意志不会对联系产生影响。当且仅当处于普遍与客观的联系中，万事万物才得以不断向前发展。

联系具有普遍性能够从下列两个角度进行理解。首先，任何不同事物间均具有彼此依赖并相互影响的联系；其次，同一事物内部不同要素的联系也是彼此作用和制约的。所以，事物发展中，普遍联系是固有存在着的，涉及不同事物之间以及同一事物内部不同元素之间的联系。普遍联系中，相互作用也是其中基本内容。其中，相互作用能够体现在彼此促进、制约或者彼此转化，呈现出事物发展的最终发展趋势。所以能够说，普遍联系的根本内容便是相互作用。物质世界发展中，普遍联系是广泛存在着的。物质主体的不同，涉及的彼此联系也各不相同，这种物质主体在无机界、自然科学界、有机界、精神领域等各个领域均广泛存在。整体来讲，普遍联系的基本

① 马克思恩格斯选集：第 3 卷 . 北京：人民出版社，1995.

主体以物质世界为主。多元化、复杂性是高校思想政治教育的主要特征。教育对象、实践活动以及教育主体均能够算为其中的参与者，彼此间构成具有联系的统一体。其中，协同育人机制便能够理解为该有机整体的主要表现形式。此外，作为一种社会行为，思想政治教育在构建高校内部协同育人的基础上，还非常关注不同学校之间以及高校与社会等不同主体间的协同育人建设，强调不同主体间的联系性。高校思想政治教育开展中，在其中引入普遍联系的观点，便能够愈发关注不同主体存在着的联系整体性，并且能够从整体层面，确保不同主体要素能够有序向前推进。

2. 恩格斯的历史合力论

在对整体社会历史发展进行深入分析研究前提下，恩格斯创造性地提出历史合力论的观点。在恩格斯有关著作中，均特别强调了该理论。恩格斯历史合力论观点的核心与关键便是“交互作用”。恩格斯强调：“历史是这样创造的：最终的结果总是从许多单个的意志的冲突中产生出来的……各个人的意志……融合为一个总的平均数，一个总的合力……每个意志都对合力有所贡献，因而是包括在这个合力里面的。”[①] 由此我们能够得出，历史合力理论思想中，其中涵盖“交互作用”“合力思想”等相关理念，有助于我们更为深入地对高校思想政治教育协同育人机制进行更为系统的研究。我们应该贯彻落实整体性思维。社会作为一个整体，由诸多不同子系统构成，高校思想政治教育工作开展也应该这样。所以，机制建设期间对不同要素不能够以片面、孤立的观点来进行分析，而需要从宏观层面入手，借助整体思维来进行问题分析。

思想政治教育工作开展中，应该关注不同育人主体合力，在高校内建立健全完善系统的协同育人体系，在确保不同育人主体能够彰显自身优势的基础上，也能够增进彼此配合确保能够朝着更好的未来共同努力。此外，为了提升思想政治教育发展水平，也应该增进校际交流合作。校外育人要素也应

① 马克思恩格斯选集：第 4 卷 . 北京：人民出版社，2012.

该增加与高校的合作交流，确保能够形成育人合理机制，对思想政治教育不同育人主体发挥交互作用。不同育人主体是彼此关联与影响着的，而并非是彼此割裂孤立的。所以，我们在构建思想政治教育协同育人机制期间，需要加强做好引导与调控工作，确保能够增强一致性，这样能够最大程度规避不同要素间形成的内耗。

3.2.2 人的本质和人的全面发展理论

“人的本质不是单个人所固有的抽象物，在其现实性上，它是一切社会关系的总和。”[①] 一般来讲，人的成长大多是建立在现实社会关系前提下产生的，思想政治教育实践开展期间，教育者主要能够协调引导受教育群体的行为及观念，同时创设一种积极的育人环境，确保人的本质调整能够与社会生产方式变革相符，能够符合社会进步发展趋势。相应地，思想政治教育工作开展期间，高校需要将其与社会实际联系起来，避免出现与社会发展相脱节的现象，从现实层面加强对受教育者的教育工作，需要我们从社会关系层面对人的价值及需求进行深入理解。早在《德意志意识形态》书中，便已经出现了“个人全面发展”的表述。结合个人全面发展理论，其中强调，人的发展并非表现为智力发展层面，还综合涉及体力、品德、社会关系等各个方面的综合发展。

某种层面上，高校思想政治教育工作开展中，人的全面发展为其提供了很强的指导效果：其形成的人的发展观，为我们了解掌握事物发展规律提供了理论参考，并且其展示的人的全面发展的必要性也为促进思想政治教育复杂性提供了理论参考。所以，对大学生群体开展思想政治教育期间，我们需要坚持有关科学理论，分析掌握不同社会关系与人的关系，从物质层面分析影响人们思想产生的影响因素。在教育活动期间，当信息量较大时，便能够

① 刘同舫．马克思的哲学主题［M］．北京：人民出版社，2017.

更好地对受教育群体提升思想政治品德水平起到帮助与引导作用，最大限度激发人的身心潜能，充分彰显个性，并且在思想政治教育工作开展期间将协同育人理念引入其中，确保育人目标能够顺利正常推进。

马克思主义强调从现实世界前提下来认识并分析事物，做好对事物的系统全面分析。其中，马克思主义强调，人的发展与社会发展具有同步性，在旧时代物质匮乏的制约性影响下，不利于提升人的全面发展水平。相应地，在工业技术发展进程中，在促进人的全面发展层面也有了更高的要求，也给带动人的全面发展带来物质前提。在《德意志意识形态》《资本论》等作品中，马克思特别对自由全面发展理论进行系统全面的介绍。人类社会发展进程中，马克思分别从人的依赖社会、物质的依赖社会、人的全面发展社会三个不同角度对社会进行划分。其中，人的全面发展社会，也就是畅想的共产主义社会。回归到教育领域，也存在相似之处，教育和人的全面发展存在类似的地方。我国教育未来发展中，教育全面发展将是一种主流趋势。人的全面发展观将会给教育发展提供引导作用。具体来讲，主要表现为下列几个层面。

（1）全面发展观能够带动教育协调发展。教育发展中引入人的全面发展观后，能够协调处理好教育内容及教育资源。现在，受到就业等诸多因素的限制，高校教育内容普遍集中在技能学术层面，而普遍对学生德育教育的关注度不足。在功利思想作用下，针对多元化教育内容的接受认知情况，学生对应的主观表现也存在较大差异。所以，高校教育中引入全面发展观，则能够将这一问题控制到最低。

（2）全面发展观能够对教育观念做好更新。在高校教育中引入人的全面发展观，能够更新教育观念。在之前社会发展期间，人们的教育观念落后保守。人的全面发展观发展中，尊重学生的主体地位，这样能够统筹考虑学生思维变化的同时，也能够与时代发展实际相符合。

（3）全面发展观能够优化教育模式。目前，部分地区高校在授课模式上，依然以传统的满堂灌模式为主，不利于提升课堂教学效果。全面发展观能够最大程度增加学生学习热情，并且能够充分发挥学生的主体作用。所以，随着全面发展观的实施，能够创新优化教育模式，提升学生课堂学习效率。

思想政治教育实践工作开展期间，不管是从教育内容上，还是从教育方式上，教育者均不能够与社会脱节。相应地，教育者也会随着社会发展出现改变。某种层面上，高校推进思想政治教育旨在能够培养更多专业人才。所以，如何开展人才培养成为教育工作主要关注的问题。学校在推进思想政治教育开展中，应该把促进学生全面发展放在首位，结合社会发展实际来做好人才培养，提升学生的全面发展水平。

3.2.3 系统论与协同学理论

1. 系统论

“二战”结束后，科技水平迅猛发展，以现代科学为前提，贝塔朗菲创造性地提出一般系统论的观点。系统论阐述了不同事物间存在着的系统性特点，随后发展进程中，该理论凭借在实用性、科学性方面的优势而不断发展。系统论指出，任何事物，不管其所属领域，还是规模范围等，特定背景下，均能够理解为一个系统。此外，业已形成的事物均是以系统方式存在着的。其中，从外部角度，系统论主要分析介绍不同系统间的关联；从内部角度，系统论主要对内部结构及其发展规律等情况进行介绍，大多表现为功能性阐述角度。与此同时，作为一种新型科学，系统论要求我们首先需要从整体角度来对待事物，随后从宏观角度明确系统组织结构要素联系，在此基础上，分别从功能、结构等不同角度对其本质进行阐述。针对系统论理论，贝塔朗菲进行了如下阐述：“一般系统模式的系统论，适用于本系统的原则和规律的大方向，而不管其具体细节，如系统组成要素的种类或组成结构内部关系等。这门新学科被我们称之为普遍系统论。”[①] 系统论主张要求我们统筹

① 中国社会科学院情报研究所．国外社会科学［M］．北京：商务印书馆，1978.

协调好整体与部分、整体与外界环境等方面的联系。整体性、动态性、结构性是系统论的主要特点。

系统的整体性。整体性，表现为系统存在形式是在不同要素形成的同时集体发挥影响。整体性除了能够满足不同要素累积的同时，还应该达到要素间的影响。其中，整体性的特点主要表现为其具有单一要素不存在的系统。

系统的动态性。动态性，表现为在系统及其周边环境彼此关系上发挥作用，系统之间均是彼此关联而存在的，不管是在系统内部，还是在系统外界环境，信息交换均始终存在。一般情况下，动态性呈现出一种从低级状态朝着高级水平发展的趋势。

系统的结构性。结构性，表现为系统内不同组成要素间的层次与等级。不同组成要素的彼此影响形成的协同效应在很大层面上将对系统功能起到决定性影响。各个层级和要素间彼此影响又各自独立，主要能够从其中特殊规律、共同规律中能够表现出来。高校思想政治教育协同育人机制涵盖诸多不同要素，彼此之间存在相互联系、相互制约的关系。实际来讲，从系统论层面，协同育人机制发展中，我们能够从本质上明确其发展规律及发展本质，有助于对整体与不同要素间的联系进行协调处理。

2. 协同学

在二十世纪七十年代，哈肯率先在研究中提出了协同学理论。具体来讲，“协同导致有序”是协同学发展中的和谐理念。经过这些年的发展，协同学发展理论日益完善，表现为研究整体系统在某一机制条件引领下，借助不同子系统存在的协同作用，从宏观层面令无序在历经多次形态转变基础上，能够达到一种有序状态，从而能够形成系统整体。在这些年向前发展进程中，协同学理论体系日益优化，该理论在现代科学理论发展前提下，在各个学科领域寻找彼此相通的规律，进而能够探索一种从无序状态能够朝着有序状态转变发展的一种协同法则。与此同时，协同学分析对象也是远离平衡态的一种开放系统，不过其还特别强调系统从无序状态朝着有序状态转变的主要影响因素与系统是否处于平衡状态无关，而和系统内不同子系统协同作用存在关联。也就是说，并非属于一种非平衡态开放系统，也属于平衡态开放系统，某种情形下，均能够表现为宏观有序结构。在分析宇宙学领域问题时，哈肯也将该理论引入其中。哈肯强调："有序结构也可呈现在宇宙系统之中，运用协同学的理论可以说明其原理。因此我们可以得知，在宇观系统，抑或宏观和微观系统，当这个系统处于开放状态时，这种有序结构就会以非平衡的状态在固定的条件下显现。这些内容都可以成为系统学的研究对象。"[①] 协同学的根本理念即把事物从无序变成有序的过程，强调各个子系统的协同作用，从宏观角度使其联合，发挥出最大的集体效应。

近年来，协同学已广泛运用到社会科学的各个方面，发展势头呈现蓬勃生机。关于协同学应用于思想政治教育领域，郑永廷教授早在1996年就从德育发展的趋势上提出了"德育同其他相关领域整合发展"的观点。[②] 把协同学运用到高校教育当中去，是高校思想政治教育传统模式的突破和革新，对做好高校思想政治教育工作起着积极作用。按照一般系统论的创立者贝塔朗菲的观点，"系统是由要素组成的集，并且各个组成部分（要素）和总体（集）处于一定的相互关系并与环境发生关系"。系统作为一个综合体，含有两个及以上要素，同时各种要素参照某一方式产生关联与影响。系统表现为不同要素结合一定层次及结构形成的，拥有特定功能；任何事物均应该在系统下而存在。

具体来讲，"协同导致有序"是协同学发展中的和谐理念。作为一门新兴学科，协同学重点探索分析了不同系统从无序状态朝着有序状态转变的相似性。同时，协同学重点分析了不同子系统的联合作用，在熟知明确不同子系统规律基础上，深入了解各个系统存在的彼此关联，在此基础上能够从宏观层面来构建不同系统的整体功能和系统结构。此外，协同学理论还专门对系统目的性、平稳性相关机制进行明确。协同学向前发展的动力源泉主要是明确各个事

① 冯契．哲学大辞典：修订本［M］．上海：上海辞书出版社，2001.

② 郑永廷．论高校德育发展趋势［J］．中山大学学报（社会科学版），1996（01）：57-64.

物的协同原理。这些年发展中，在社会学科等不同学科发展中，协同学方式有着非常广泛的应用。大学思想政治教育作为一个复杂系统，由诸多不同要素构成，并且不同元素之间彼此关联、彼此影响。做好对大学生思想政治教育协同育人机制的深入探索，要求我们对协同学、系统论进行认真研究前提下，运用普遍联系与全面发展的分析思路，从宏观层面来分析研究机制内部不同子系统中存在着的协同关系，这样有助于从根本上转变子系统在发展中存在着的无序状态，同时能够从整体角度呈现相应的功能及结构，最大程度规避不同子系统间出现彼此脱离的情况，全面提升思想政治教育效果质量水平。

3.2.4　中国共产党合力育人思想

1978 年，中国共产党在分别从正面、反面两个角度对之前社会发展经验进行分析概括的前提下，指出新社会发展背景下，统筹做好思想政治教育工作对社会发展的积极作用。在此背景下，1978—1984 年，可以称之为思想政治教育学科在我国的初步探索阶段。期间，思想政治教育工作人员以党中央为核心，对完善学科教育、推进教育实施等内容进行了大量研究及实践，并提出了诸多创造性发展意见。同时，《中国教育改革和发展纲要》于 1993 年正式颁布，指出当时教育的主要目标就是培养“四有”新人，并且指出“培养有理想、有道德、有文化、有纪律的社会主义新人，是学校德育即思想政治和品德教育的根本任务”。①1999 年开始，思想政治教育学科逐渐步入全面建设阶段。其间，我党进一步加强了对思想政治教育工作的关注，并深入贯彻落实合力育人思想。另外，2004 年颁布的《关于进一步加强和改进大学生思想政治教育的意见》，强调“高等学校各门课程都具有育人功能，所有教师都负有育人职责，要把思想政治教育融入大学生专业学习

① 中共中央文献研究室．十四大以来重要文献选编：上［M］．北京：人民出版社，1996.

的各个环节，渗透到教学、科研和社会服务的各个方面”。[①] 文件特别指出，作为高校教师，在推进思想政治教育、增强学生思想政治理念上应该充分发挥自身的职责，和哲学等社会科学教师一道，共同开展合力育人新环境。2005 年颁布的《关于进一步加强和改进高校思想政治理论课的意见》，深入阐述介绍思想政治教育对学生成长发展的积极作用，强调应“按照专兼结合的原则，不断优化和充实高等学校思想政治理论课教师队伍……促进专业课教师与思想政治理论课教师之间的交流……有条件的高等学校要建立校际教授互聘、优势互补的教学协作机制”。

2007 年，中国共产党结合当时我国社会发展实际，从新的层面为加快做好思想政治教育工作提出发展思路，强调应“培养德智体美劳全面发展的社会主义建设者和接班人”，这一理念的提出，从更为确切的角度介绍了我们开展思想政治教育工作应该达到的育人目标，有助于进一步推进合力育人工作的开展。2012 年，中国共产党审时度势，对思想政治教育理念发展赋予了全新界定。我党始终将做好高校思想政治教育建设放在非常突出的位置上，并且在诸多会议文件中也流露出强调应贯彻落实协同育人理念。所以，高校思想政治教育实践活动在今后开展期间，应该以党的系列文件精神作为指导，全面提升思想政治学科建设发展水平。

3.3 协同育人与高校思想政治教育的关系

高校思想政治教育作为一个有机整体，由不同要素共同构成，诸如教师、学生、各种教育介质等，各种要素间具有很强关联性，并非是彼此独立存在的。我们对高校协同育人机制进行研究分析中，其对应的基本范畴就是对高校思想政治教育主体与思想政治教育客体进行分析。

① 中共中央文献研究室．十六大以来重要文献选编：中［M］．北京：中央文献出版社，2006.

3.3.1　教育主体

教育主体，即高校思想政治教育开展期间肩负主动教育职责的行为主体。结合主体对应的领域不同，我们能够将主体划分为校外主体、校内主体两个角度。校内主体，即在高校内肩负开展思想政治教育工作的教师及部门，诸如我们熟知的思想政治课理论教师、辅导员等；校外主体，即在高校外部主动肩负思想政治教育职责的个人及组织，诸如我们熟知的专家学者、校外学科带头人等。

3.3.2　教育客体

教育客体，即高校思想政治教育开展期间教育主体面对的育人对象。我们所指的教育客体专门指高校在校本科生。某种层面上，推进构建协同育人机制开展期间，机制运行效率在很大程度上受到客体配合程度的决定性影响，同时关系到思想政治育人质量。所以，我们需要最大限度地激发教育客体热情，能够增加教育客体主体性，尊重学生的主体中心地位，构建系统健全的制度体系，激励教育主体充分发挥职责，把外部推力逐渐内化成提升大学生自我发展水平的动力，引导他们做好自我教育，发挥团体的职责，鼓励大学生积极主动地针对思想政治教育有关内容阐述自身的想法，这样能够最大限度地提升学生的思想政治素质水平。

“思想政治教育是促进人类进步与发展的重要手段，也是实现个人价值的重要途径，思想政治教育将伴随着社会个体的生存发展变化而存在并更新。”① 从价值诉求角度看，思想政治教育旨在能够提升学生全面发展水平。思想政治教育协同育人机制建设发展中，主张在满足人的发展诉求前提下，结合协同育人发展思路，从而能够寻求一种和谐平衡。所以，高校思想政治

① 曾长秋，银红玉．马克思主义需要理论视域下的思想政治教育价值探究［J］．思想教育研究，2013（5）：13-16.

教育工作向前推进期间，必须要贯彻落实协同育人发展思路，在引导学生养成科学的思想政治品德上扮演关键性角色，有助于提升高校思想政治教育实效性水平。

思想政治教育工作开展中，必须要贯彻落实协同育人发展思路。具体来讲，应该着重做好以下几个方面的内容。

1. 协同育人立足思想政治教育整体

中共中央办公厅、国务院办公厅印发的《关于进一步加强和改进新形势下高校宣传思想工作的意见》特别强调，新时代发展背景下，高校宣传工作开展应该坚持这样的原则："坚持齐抓共管、形成合力"，主要任务是"努力构建全员全过程全方位育人格局，形成教书育人、实践育人、科研育人、管理育人、服务育人长效机制"①。协同发展理念，即确保在能够保持各自优势前提下，令思想政治教育系统能够增进不同子系统要素的关联。目前，从我国思想政治教育协同育人发展环境角度看，发展上升空间依然很大，不同主体之间尚没有形成发展合力。这一合力并非仅仅是机械彼此合作，"在协同发展理论中，主体在共同的理念中以及制度框架内实现对结构内的资源整合，实现结构绩效的提高"。②

2. 协同育人优化思想政治教育过程

现在，大学生们接受思想政治理论教育，主要通过思想政治理论课教学方式进行。不过，为了能够进一步增强大学生对思想政治理论教育的系统掌握，仅仅凭借理论课教学很难能够达到既定的培养目标。按照马克思主义理论，万事万物均处于普遍联系之中。从思想政治教育理论传授渠道上看，除了在理论课中进行讲授，也能够在其他学科教学中进行讲授。目前高校主要结合学生所选专业的不同，对学生开展针对性专业教育，考虑到思想政治学科具有的特殊之处，它能够与其他学科教学有机融合进来。也就是说，能够

① 冯刚．改革开放以来高校思想政治教育发展史［M］．北京：人民出版社，2018.

② 刘俊峰．构建大学生思想政治教育整体协同机制探究［J］．学校党建与思想教育，2015（01）：45-46.

凭借相对隐性的手段来为提升学生思想政治理念开展潜移默化的教育，提升教学资源整体利用效率，这样也能够推进构建思想政治教育协同育人机制体系建设。

3. 协同育人理念强化思想政治教育功能

思想政治品德教育开展中，关键是树立协同育人理念。思想政治教育协同育人始终尊重学生的中心地位。“人的本质不是单个人所具有的抽象物，在其现实性上，它是一切社会关系的总和。”[①] 由此而言，人的社会本质属性同时涉及精神属性、物质属性两个不同的方面。做好对学生的道德教育，就是要提升人们的社会属性，引导人们树立正确的价值观念，为社会主义现代化建设贡献应有的力量，这一理念在很大程度上和思想政治教育协同育人理念存在相似的地方。在社会经济向前推进期间，高校在进行学生培育时，越来越多地关注如何增强学生知识文化素质，而削弱了对学生思想政治道德方面的关注。强化大学生们的价值观念，并不是能够在短时间内能够实现的，而是需要经历较长的时间。协同育人理念关注高校在思想政治教育期间协同不同主体如何影响大学生群体，结合该群体对思想政治教育的接纳水平，促进引导学生产生“内驱力”，对思想政治教育持有认可的态度。

4. 协同育人模式突出思想政治教育特点

思想政治教育协同育人模式在发展进程中，具有全过程、全员性、全方位的特点。大学生思想道德水平提升在很大程度上受到诸多不同因素的影响。“单一学校教育很难能够塑造出满足社会发展需求的群体，教育与社会发展相脱离无异于空中楼阁，不具有实际性。”[②] 目前教育过程开展中，不同教育主体之间普遍存在着联系紧密性不强的特点，学生家庭与学校教育存在彼此脱节的情况，不同思想政治教育部门也彼此脱节。在此基础上，借助协同育人机制，做好教育资源整合，发挥教育整体合力作用，这样能够确保

① 马克思，恩格斯．马克思恩格斯全集：第 1 卷［M］．北京：人民出版社，1972.

② 张传宇．试论高校思想政治教育的合力机制［D］．上海：复旦大学，2010：34.

思想政治教学能够在不同育人环节中均能够有所体现，从而增强教育教学质量。只有这样，才能够为提升学生思想政治品德发挥重要性作用。

协同育人是提升思想政治教育实效性的必要手段。“思想政治教育的实效性，主要指方法的可操作性，在实践中的可行性，产生良好结果的可靠性。”[①]为了有效增强高校思想政治教育实效性水平，要求高校内部育人主体及高校外部育人主体之间处理好协同关系。首先，协同育人能够表现为思想政治教育系统具有整体协同性的特点。协同育人开展中，其中教育主体、教育客体、客观环境等因素是其中的重点和关键，增强不同要素间的联系沟通，达到一种最佳的育人效果。此外，高校思想政治教育系统开展中，教育主体作为其中第一要素，具体涉及管理机构、党政机构、后勤机构、教学机构等，对整个系统起到主导性作用。教育客体也就是教育中的受教育者，即大学生，大学生是否能够自觉接收教育信息同时在第一时间进行反馈，将对教育实效性开展起到决定性影响。教育载体涉及教学方式、教学内容、教学目的等，在教育主体、教育客体中起到重要的桥梁平台作用。教育环境，也就是除了教育因素外，对受教育群体产生影响的全部外因的总称。相应地，高校思想政治教育质量衡量评价中，不同系统要素能否协同起决定性影响。高校，旨在能够借助协同育人机制，增强学生综合素质水平，最大程度做好校内外优质教育资源开发工作，在交流沟通期间，全面增强教育实效性水平。

协同育人有效借助教育载体来推进系统育人模式建设。从开放发展角度来看，随着社会发展环境的不断转变，系统主体与系统客体如何能够结合发展实际来推进思想政治教育工作建设，在促进教育实效性发展中扮演着关键性作用。协同育人有效地运用不同教学方式，创新育人模式，充分发挥教育载体作用，尊重不同学生群体的差异，提高了教育教学资源的利用率，只有这样，才能够促进高校思想政治教育工作有序向前推进。“思政课程”其

① 张耀灿，徐志远．现代思想政治教育学科论［M］．武汉：湖北人民出版社，2003.

实顾名思义就是思想政治理论课程。高校所开展的思想政治教育主要指的是“社会将既定的思想理论和道德规范有计划有步骤地传授给社会成员，让他们可以在正确理念的指引下完成好各项社会实践活动”，在这些实践活动当中，人居于主体地位。2014 年，上海市委提出了“课程思政”的理念，该理念涵盖了很多有关思想政治教育的元素，也就是将思想政治理论知识、理想追求等内容都有效地融合到高校课程教学过程当中，让学生在学习专业知识的同时接受到思想政治理论的熏陶，进而使得自身的行为更加规范。这两个概念有三点相通之处：一是链接纽带都是思想政治教育元素；二是都是以育人为根本目标；三是都崇尚价值理念的引导作用[①]。所以，要想在高校开展协同育人工作，就要将“思政课程”和“课程思政”有机联系起来。

上述两个概念在解读上并不是完全相同的，体现在授课上也有着不同的关注点。从本质上讲，两者所具备的育人理论能够保持高度一致。在理论层面上看，不管是“思政课程”还是“课程思政”都是围绕育人这个目标展开的，要健全学生的人格，让其成长成为德智体美劳全面发展的综合型人才，而不是在“才”和“德”中只具其一，对“思政课程”和“课程思政”来说，其培养学生的根本宗旨和灵魂思想可以总结为十个字，即“才为德之资，德为才之帅”。

高校教育的根本目的就是为党和国家培养社会主义接班人，这是一项长期而伟大的任务，只通过“思政课程”这一个途径显然无法实现，还要在社会上营造浓郁的思想政治氛围，在高校人才培养工作中巧妙地融入德育工作的内容，将“课程思政”的作用充分发挥出来。“课程思政”之所以可以获得长足的发展，主要是因为其可以达到人才“双育”的效果，能够将各个课程融合起来，帮助学生成长为德才兼备的人才。在这个方面，“课程思政”和“思政课程”有着异曲同工之妙。从这个角度来说，两者之间的融合契机

---

① 石书臣．正确把握“课程思政”与思政课程的关系［J］．思想理论教育，2018（11）：57–61.

既科学又合理，存在着辩证统一的关系。

“思政课程”教学的主要内容就是马克思主义思想和社会主义理论，希望通过教学，帮助学生形成多维度、全方位的思维方式，并以此指导实践，突出协同育人的优势。“课程思政”主要是在专业课程的教学过程中融入思想政治教育的基本内容，并落实在各项实践活动当中，对学生的思想进行引领和指导，进而改进和优化他们的行动。其实，无论是哪种形式的教育活动，根本目的都是为了更好地立德树人。两者都是以培养马克思主义者为目标，其中思想政治教育元素会发挥出突出的指导作用，虽然采用的方法和途径不一样，但是最终目的都是为了更好地教书育人。而且，实现两种育人功能的交叉可以推动理论到实践的转化，让学生感受到马克思主义在指导实践方面的作用和魅力，这样他们的学习兴趣也能得到有效提升。将带有文化自信和道德修养内容的思想政治教育工作融合到高校专业课程当中，可以将“课程思政”以及“思政课程”的育人功能都充分发挥出来，实现优势互补，突出显性和隐性两种教育特点，为学生未来的发展打下牢固的思想基础。

现代社会已经进入到高速发展的阶段，人们的生活质量显著提升，思想观念和具体行为也比之前改变了许多。在这样的情况下，如果继续沿用以往的“思政课程”教学方法，那么就无法满足时代发展的现实需求，毕竟“填鸭式”的教育方法已经不能适应现代大学生的学习特点。再有，现在高校中的有些大学生存在或多或少的思想问题，他们或者有厌学情绪，或者有拜金主义倾向，这都需要充分发挥思想政治教育的作用，帮助他们以更加积极的态度面对学业，面对自己的人生。随着“课程思政”的发展，存在于“思政课程”中的不足可以得到弥补，高校师生可以携起手来共同探索思政课程的改革问题，结合时代特点进行创新，最终培养出全面发展的合格人才。从这个角度来说，正是因为时代的发展，“课程思政”实现和“思政课程”的协同才有了更多的可能性。

高校思想政治理论课在高校中通常被称为是“思政课”，其教学内容大致可以分为两个方面：一是理论教学；二是实践教学。教育部发布的《普通高校思想政治理论课建设体系创新计划》重点强调了实践教学的作用，并将其列入当前的思政课体系当中，认为这是一个可以和课堂教学形成补充的全新的教育体系。为实现思政课和实践教学的有机融合打下了坚实的基础。所谓协同效应一开始被应用在企业管理方面，指的是企业从生产阶段开始，包括销售、管理等各个层面在充分利用资源的基础上所发挥的积极效应。

高校思政实践教学其实包含的内容非常多样，不管是学校、家庭还是社会都包含在内，覆盖了学生学习的每个时期，高校中的所有老师和学科都属于实践教学的一个部分。所以，在思政课教学方面应该将政府、社会和家庭的作用都充分发挥出来，以协同的方式加强合作，有效配置各种教育资源，为正处于“拔节孕穗期”的大学生们做好思想教育工作。在这项工作中，社会各界都承担着相应的责任，所以他们要形成共同的价值理念，对思想政治实践教学工作的发展进行合理引导，帮助大学生成长为德智体美劳全面发展的社会主义接班人。其实，思政课实践教学在一定意义上是对协同育人的一种拓展和延伸，其根本宗旨和目标就是坚持做到“立德树人”。所以，在实践的过程中要坚定不移地坚持马克思主义价值观，坚持以人民为中心的地位不动摇，一切从实际出发，以辩证的思维和眼光来看待问题，构建共建共享的价值体系。

回顾我国的近代史可以了解到，这是一部可歌可泣的救亡历史，无数仁人志士在救国的道路上抛头颅、洒热血，不过之前的所有尝试都没有取得最终的成功。而在中国共产党诞生之后，带领着广大中国人民坚持“武装夺取政权”的道路，最终推翻了国民党的反动统治，建立了中华人民共和国。在社会主义建设的初期，中国共产党一直把为人民服务当成自己的发展目标。思政课教学也要坚持以学生的需求为中心，结合时代发展的实际情况，顺应时代发展潮流，用理论指导实践，在实践中升华理论。所以，思政课实践教学要和现实生活紧密联系起来，让学生在现实中对民众进行更加深入的了解，这样才能更好地为人民服务。

在党的领导下，我国一直坚持把人民的生命放在最重要的位置上，结合疫情发展的实际情况，实事求是地制定各种防疫策略，也取得了很多突出成效。而有些西方国家则不是如此，他们没有考虑当时的现实情况，一味地迎合政客的利益需求，最终使得本国的疫情逐步严重，疫情范围也在逐步蔓延，这对全球防疫来说都是一个极大的阻碍。只有坚持做到实事求是，高校大学生才能在社会发展的浪潮中切实把握时代脉搏，对时代发展的理论成果进行概括和总结，进而更好地成长为社会主义接班人。所以在实际教学过程中，我们要抵制历史虚无主义，时刻坚持以辩证思维来看待社会发展。其实，历史研究就是在对历史发展进行逐步的、全面的、深刻的总结，顺应历史发展潮流，了解历史发展的全貌。我们所倡导的历史辩证法主张以全面的眼光来看待问题，而不是以偏概全，以偶然代替必然，以片面代替全面，不能对历史进行篡改或是隐藏。研究历史是带有很强的严肃性，要坚持做到以史为据，对各种历史事件、人物等做出全面的分析与研究，否则，是不可能看到历史真相的。

回首往昔，我党从建党至今已经有百年历史，展望未来，我国应该在教学实践中以更加正确的态度引领学生奋发向前，打破形而上学思想的束缚，以辩证唯物主义的观点来看待历史，对历史和现实中的问题进行客观分析，准确把握时代发展的脉络。要想取得伟大革命的胜利，就要有伟大思想进行指引。不管是世事更迭还是变革革命，每一次跃进与发展都离不开伟大思想的引领作用。解放思想的范围大，那么取得成绩和发展就大；解放思想的范围小，那么取得的成绩和发展就小，如果不解放思想，那么就谈不上任何发展。现阶段，我们的社会正处于伟大变革之中，所以我们应该积极解放思想，寻求更大的发展和进步，而具体到思政课教学方面，老师应该引导学生进行自我批判与创新，勇于看到自己的缺点，可以实现自我超越。因为只有做到了自我解放，社会的发展才会更有动力。这里提到的自我解放涉及两个方面：一是解放自我方法论；二是解放世界观。其实万变不离其宗，任何解放归根结底都体现了自我革命精神，属于马克思主义理论指引下的自我完善与提升。

马克思主义政党之所以可以历经百年，一直和人民群众保持鱼水关系，就是因为坚定不移地贯彻了自我革命精神。在未来的发展建设中，这也是保证马克思主义政党一直具有旺盛生命力的思想基础和根基。现阶段，要打造和谐的社会主义社会，就要坚持共建共享的原则。《中共中央关于构建社会主义和谐社会若干重大问题的决定》明确指出："我们要构建的社会主义和谐社会，是在中国特色社会主义道路上，中国共产党领导全体人民共同建设、共同享有的和谐社会。"① 共建共享这一特点会在社会主义市场经济体系的构建过程中得到突显。现阶段我们应该关注两点：第一要对合法竞争进行保护，不能让合法收益受到非法侵害；第二有效控制市场弊端的出现，保证市场的正常运行，将共建共享理念在全社会范围内进行推广。具体到高校协同育人的工作中，积极推进共建共享可以培养大学生的爱国主义情怀，也可以在全社会范围内实现资源优化配置，将更多的积极因素调动起来，共同为社会主义建设事业的发展添砖加瓦。

---

① 中共中央.关于构建社会主义和谐社会若干重大问题的决定［N］. 人民日报，2006-10-18（1）.

第 4 章 高校思想政治教育协同育人机制的原则与内容

推进高校思想政治教育协同育人机制建设，除了分析必要的理论支撑外，还应该深入分析系统内部要素。高校思想政治教育工作开展期间，协同育人机制是我们首先应该坚持的原则。此外，系统内外部存在协同效应，其结构前提便是协同育人机制特征。相应地，协同育人机制模式，在很大程度上也给高校构建完善协同育人工作体系提供了参考和借鉴。

4.1 高校思想政治教育协同育人机制建设的主要原则与基本特征

4.1.1 基本原则

1. 方向性原则

推进构建思想政治教育协同育人机制过程中，方向性是我们必须坚持的原则。加强高校思想政治教育工作，旨在能够更好地服务于社会主义现代化建设。所以，在方向性原则指导下，思想政治教育协同育人主要体现在分别从马克思主义、社会主义等不同层面对大学生开展信仰教育。“大学生教育是思想政治教育的起点和落脚点，目的是使思想政治教育为人民服务，为中国共产党治国理政服务，为巩固和发展中国特色社会主义制度服务，为改革开放和社会主义现代化建设服务，为实现全面建成小康社会服务，为实现中华民族伟大复兴的中国梦服务。”[①] 除了与学生健康成长息息相关的同时，甚至在很大程度上关系到整个国家及民族的发展进程。所以，构建思想政治教育协同育人机制过程中，必须要以方向性原则作为其中首要原则。

2. 系统性原则

强调我们应加强宏观认知，把协同育人体制理解为由不同要素共同构成的统一体，其中的有关要素并非是彼此孤立的，而是具有很强的关联性。不同要素均具有独特的功能特点，当存在要素不和谐的情况下，必将会对整体发展产生较大的冲击，不利于实现整体教育发展目标。换句话说，“高校的思想政治教育活动必须从整体的角度统筹规划、全面协调。这意味着不仅要关注系统内部各子系统、各要素在思想政治教育协同过程中的作用，更要着重把握大学生思想政治教育过程中的各个子系统及构成要素之间的关系，使大学生思想政治教育系统的整体结构有序、功能良好；使大学生思想政治教育协同过程中各环节协调一致、配合顺畅，发挥协同作用，产生协同效应”。[②]

3. 制度性原则

制度性原则旨在能够实现思想政治教育协同育人的既定目标，全面提升协同育人实效性水平。其中，借助制度性原则，能够有效地对思想政治教育权利及义务予以统一规范，具有稳定性、强制性的特点。也就是说，在完善发展期间，确保制度能够维持积极循环状态，这样也有助于教职人员能够严格按照规章制度来开展工作。在这一原则指导下，国家要求高校应健全完善长效教育体系，为了能够确保发挥机制的长效影响力，要求我们结合社会发展实际来对机制进行针对性优化整合，以此能够达到系统自我优化的状态。

高校思想政治教育协同育人机制是一种有机的整合模式，是思想政治教育发展的必然趋势。这种机制建立的内容协同主要是指对受教育者的思想政

① 杨光．高校思想政治教育以文化人研究［D］．长春：东北师范大学，2018：7.

② 崔江婉．协同理论视域下大学生思想政治教育研究［D］．西安：西安建筑科技大学，2017：15－16.

治教育价值的内在统一，具体内容体现在适应社会发展的意识形态、具有科学的价值理念和民族凝聚力的培育上，机制内各主体要素的教育内容需具有一致导向性。针对思想政治教育内容协同原则，我们具体能够从下列不同层面来理解。

4. 成长性原则

成长性原则具体表现在下列两点，都考虑到受教育者为高校学生这一特殊的群体。从学生成长层面上看，在向前推进中学生的思想认知也会不断发展调整，“20 世纪 60 年代以来，儿童道德发展的研究开始流行，《道德发展理论的新突破——道德基础理论解析》一文对于儿童的道德判断和道德推理占据了道德心理学中的核心地位，在此后的近 20 年时间里，几乎所有的相关研究都围绕儿童的道德推理能力发展展开，道德判断的研究走向高潮”。[①] 所以，结合学生道德水平特点，思想整治教育内容协同应该拥有成长性原则，以此能够保持与大学生发展实际相符。此外，从理论创新角度来讲，思想政治教育内容应该增强时代感，不断增强对时代的接受水平。不过在创新发展中需要提升针对性水平，完全按照大学生需求来开展。所以，在这一背景下，要求我们不断优化创新思想政治教育协同内容。

5. 科学性原则

作为一门系统科学，无论是在理论知识层面，还是在实践教育层面，思想政治教育内容均应该严格遵循科学性原则。由此指出机制不同主体在能够确保统一理念、优化资源配置的基础上，还能够贯彻落实协同育人思想，这一协作性拥有相应的技术标准。所以，内容协同要求具备有关技术扶持。协同理念当且仅当能够通过科学技术系统分析匹配的基础上，能够最大限度地发挥思想政治教育的协同整体作用。

---

① 刘志．道德发展理论的新突破——道德基础理论解析［J］．外国教育研究，2018，45（05）：68-80.

6. 交互性原则

协同育人期间，教育内容能够有序推进，在很大程度上与主体适应性有关。机制不同，教育主体借助互动交流能够促进思想政治教育多重叠性、多层次性建设，在重叠期间能够将其中存在的无效教育手段省去，并且能够对教育内容资源进行合理配置，在沟通交流中也能够适时调整优化教育内容，结合实际情况做好教育工作。

7. 整合性原则

整合性原则表现为协同育人机制的系统整合性，在构建协同机制基础上，能够全面提升教育内容朝着横向协调性、纵向广度性方向发展。这样也能够很大程度地避免在教育开展期间因教育主体的差异而出现消极影响。

8. 超前性原则

当外界环境等因素发生变化时，思想政治教育内容协同也会出现转变。此外，不同教育主体发展需求存在差异。“衡量一种科学理论是否具有生命力，要看它是否尊重科学、服务人民、注重实践、勇于超越和追赶时代。”[①]所以，对于思想政治教育内容协同，应该做到超前性，在确保能够拥有稳定教育内容的同时，还存在前瞻性，这样能够促进内容协同和谐推进。

4.1.2　基本特征

1. 组织性特征

“自然界和人类社会中的任何系统都可以通过其内部子系统之间的相互作用与协作，形成具有一定功能的自组织系统。”[②]作为社会系统中的一个子系统，高校思想政治教育系统旨在能够实现思想政治教育整体目标，该系统具有非平衡性、开放性的特点，本质上看，属于自组织范畴。高校思想政治育人系统作为一种自组织，在和外界环境交流期间，内部子系统相互协作

① 熊建生．思想政治教育内容结构论［M］．北京：中国社会科学出版社，2012.

② 张丽娜．行业特色型高校协同创新的机制研究［D］．北京：中国矿业大学，2013：15.

融合，产生序参量，为系统向前发展提供动力。相应地，组织性特征也能够具体划分为他组织性特征、自组织性特征两种不同形式。其中，针对自组织特征，表现为在免受外界指令影响背景下，协同育人系统参照彼此默契的原则，规范有序地确保有关工作能够顺利实现。但是，我们在关注做好协同育人系统自组织性的基础上，还应该关注他组织性特征在其中的影响。某种层面上，系统波动也会受到他组织性的影响。思想政治教育行政管理部门为了做好这一工作，也相继出台颁布了各种政策措施，带领学生对就业环境形成科学的认知，做好就业预期优化整合，形成科学积极的就业理念，为大学生创业能力提升提供发展平台。从中我们能够得到，高校思想政治教育协同育人系统在发展进程中，在高校内部系统、外部社会系统共同努力下，极大地提升了协同育人机制向前发展的水平。

2. 秩序性特征

协同学强调，系统处于无序状态向有序状态转变的过程中。相应地，我们应该在系统中发现，不同序参量在做好对整个系统的控制工作，确保其能够在系统秩序化发展中起到主导性作用。所以，高校育人工作开展期间，除了要关注整体之外，还应该关注其中扮演主要角色的要素，将其作为系统序参量。例如，高校思想政治教育协同育人系统发展中，能够将教育目标作为其中序参量。基础理论课堂教学期间，对应的序参量便是课堂中的师生，确保思想政治教育工作能够形成科学交流，增强效果提高水平。所以，协同育人机制建设发展中，秩序性能够为其提供主要发展动力，在无序与有序间的转换发展期间，系统也不断得到优化发展。

3. 关联性特征

高校思想政治教育协同育人工作涉及教育者团队、受教育者以及不同介质等，不同要素存在关联的同时又彼此独立，并且与整个系统间存在彼此作用的关联。结合协同学理论，社会发展中全部系统的不同子系统均彼此作用与影响，在这一关联性影响下，能够进一步优化系统功能及系统结构。关联性按照关联形式的不同，分为外部关联、内部关联、系统关联三种不同的类型。前两种关联形式，主要在高校思想政治教育系统中不同构成要素间存在，表现为周边环境与不同要素间存在着的关联性关系。在这一关联性的影响下，协同育人结构呈现出稳定性、独特性的特点。课堂教学中，师生之间的关联便属于内部关联范畴，其中，主体与客体间的关联，不同主体间的关联也表现为一种协同关联。在对教育实践流程进行汇总整理期间，教育者和受教育者间并非仅仅表现为教育主体与教育客体的关系，从协同关联性特征角度看，教育者与受教育者之间的地位出现较大的转变，也就是从原有的单一主体关联逐渐朝着内部协同关联的方向发展。与此同时，教育介质、教育者、受教育者也构成协同关联关系。所以，为了优化思想政治教育结构建设，我们应该有效地将内外关联联系起来。

高校思想政治教育育人系统在应用期间，具有全员性、整体性的特点，高校全体教职员工均承担着育人的工作。在育人系统中，其中不同子系统均具有独立性、完整性的特点，不过要想能够实现教书育人的效果，便应该关注系统关联性。相应地，高校思想政治教育协同育人机制发展中，以关联性为前提，能够整合系统资源，促进系统健康有序发展。协同育人机制建设发展中，其中主要步骤便是做好思想政治教育主体协同。其中，协同育人机制是否能够得以成功，在很大程度上与主体协同契合度密切相关。我们应该切实明确思想政治教育主体协同规律。

首先，增强思想政治教育不同主体之间的关联性。原有的育人模式下，不同育人要素彼此独立，不同要素的单一作用很难能够发挥作用，不过当各种要素能够融入集体之中，不同要素彼此作用与影响，则能够给集体发展注入全新的发展动力，起到良好的协同效应。如果在引导集体发展的积极影响进一步提升的基础上，也能够带动其中个体效益的提升，反过来也会促使他们更好地为集体发展贡献力量。

协同育人机制借助协同效益，能够最大限度地激发不同育人主体的参与热情，不同要素也会不断增强对协同育人机制的认可和关注。

其次，增强思想政治教育不同主体的协同理念。唯物辩证法指出，物质决定意识，意识对物质具有能动的反作用。物质世界发展中，意识形态在其中扮演着关键性角色。所以，我们应该积极培养不同主体的团队合作理念。如果思想政治教育主体不同而协同育人的目标相同时，彼此间形成的协同效应就为发展育人机制提供了发展动力，这样能够确保不同主体彼此影响和促进，由此能够达到一种科学和谐的发展状态。

最后，控制思想政治教育不同主体顺利推进。在积极科学的组织结构框架下，思想政治教育主体能够顺利保证育人机制有序开展，并且在此期间，不同主体在和谐配合下能够增强整体效果水平，并且可以考虑到不同个体发展规律。

4.2 高校思想政治教育协同要素及其关系

“思想政治教育的目的，就是思想政治教育的目标指向或价值取向。”[①] 针对高校思想政治教育目标协同，表现为不同协同要素的目标是相同的，表现为育人大目标，也就是共同追求的最终价值目标，一般称其为集体目标。[②] 在协同育人的各个实践过程中，个体目标差异性允许存在，其中对协同育人机制起到主要引导作用的依然是集体目标。集体目标与个体目标的特征主要表现为关联性、层次性等方面。个体目标凭借自身实践性、专业性特点更为关注育人价值、学习及生活目标。相应地，集体目标则更为关注发展目标及价值目标。

4.2.1 高校思想政治教育协同要素

高校思想政治教育主体通常涉及以下三个不同的方面：第一是思想政

① 张耀灿．现代思想政治教育学［M］．北京：人民大学出版社，2006.

② 陈少雄．论高校思想政治教育多维协同实务化体系构建［J］．中南民族大学学报（人文社会科学版），2018，38（06）：177-180.

治教育主体，家庭、学校、社会等均能够算入其中；第二是思想政治教育对象，以在校学生为主；第三，思想政治教育多元化实践活动，即除了思想政治教育理论课外的其他各种实践活动。三者间的关系具有互通性、平等性的特点。思想政治教育主体协同，表现为不同主体之间在交流合作中要做好资源整合，形成教育合力，以此能够达到同步育人的目的。只有这样，高校才能够加强思想政治教育协同育人机制建设。

1. 思想政治教育主体

即在课堂教学开展中的教育者。教育主体的工作职责表现为引导教育对象并指导教育实践活动有序开展。高校思想政治教育主体协同育人活动中，首先，教育工作者需要关注自我主导性角色。2016 年 12 月，习近平总书记在全国高校思想政治工作会议上强调指出："高校教师要坚持教育者先受教育，努力成为先进思想文化的传播者、党执政的坚定支持者，更好担起学生健康成长指导者和引路人的责任。要加强师德师风建设，坚持教书和育人相统一，坚持言传和身教相统一，坚持潜心问道和关注社会相统一，坚持学术自由和学术规范相统一，引导广大教师以德立身、以德立学、以德施教。"① 高校思想政治教育工作者在开展工作时，需要切实起到引领作用，意识到工作内容对学生成长的积极作用。教育主体还应该结合社会发展实际，不断提升自身综合能力水平，加强学习，提升自我创新观念，增强自我职业道德素养。思想政治教育开展过程中，教师起传播者的作用，他们应该能够从宏观角度入手，为学生提升学习水平增强信心，把自我发展与国家发展融合起来，不断提升责任与担当意识。协同育人机制开展过程中，作为育人主体，还需要拥有协同精神、创新教育教学模式，确保能够最终实现既定的育人目标。

2. 思想政治教育对象

思想政治教育对象，即开展思想政治教育期间的受教育者，本书专指

① 习近平在全国高校思想政治工作会议上强调：把思想政治工作贯穿教育教学全过程 开创我国高等教育事业发展新局面［N］. 人民日报，2016-12-09.

高校学生。教育对象受教育效果在很大程度上可以理解为教育的一种终端体现。与实践活动、教育主体比起来，教育对象即便通常处于被动角色，不过并不会对教育对象主观能动性的发挥造成影响。思想政治教育工作开展过程中，怎样提升教育对象的学习热情，是人们研究的主要问题，具体能够借助“三个积极”来落实：第一，自觉学习教育有关理论。新时代发展背景下，高校思想政治教育开展过程中，其育人理念主要表现为“立德树人”，为了能够落实贯彻这一理念，并不是能够在短时间内能够实现的，而教育主体应该在长时间范围内对教育对象做好传授工作。相应地，教育对象也应该积极响应，在彼此配合中不断向前发展；第二，有序融入各种实践教育之中。在此期间，能够最大限度地发挥教育对象主观能动性水平。比如，不同学生具有不同的性格差异、不同的成长速度等。教学实践过程中，作为教育主体，应该结合不同学生的实际情况，有针对性地开展各种实践活动，旨在能够实现教学实效最大化；第三，不断进行思想政治教育期间的自我调节。大学生提升自我管理水平是大学生的一项必备素养。借助理论与实践相结合的方式对大学生进行思想政治教育，能够有效发挥教育功能。

3. 思想政治教育多元化实践

高校有序开展思想政治教育实践活动，除了能够给教育对象提供发展平台外，也可以给教育主体创设更多增进彼此情感的机会。教育实践活动能否顺利开展，关系到能否给师生提供实现积极良好沟通交流的平台。具体来讲，高校思想政治教育实践协同教育能够借助下列几点来确保工作开展：第一，隐性教育。教育实践活动开展期间，不同教育主体之间的彼此影响，能够充分有效地转化教育理念与教育知识，以此能够推进隐性教育开展。第二，内化教育。通过思想政治教育实践，旨在能够促进学生能够达到一种“知行合一”的状态。积极的思想道德修养能够为社会发展注入发展动力。借助内化教育，教育对象能够不断加深对思想政治教育有关内容的认知，形成科学的价值观念，以此能够实现内化作用。第三，沟通教育。协同育人实践活动的开展，通常是建立在教育主体与对象积极交流基础上的，具有动态性的特点。教师在彼此沟通交流期间能够完成从最初的思想意识形态逐渐朝着具体实践过程的转变，为深入做好沟通教育工作提供指导。

构建高校思想政治教育主体协同，即不同育人主体能够在严格参照思想政治协同育人规律前提下开展协同优化。构建主体协同具有开放性的特点，教育主体均应该融入其中。此外，思想政治教育推进期间，育人机制在其中多次探索发展，对不同主体之间存在着的磨合度等情况进行合理调整。对思想政治教育协同育人不同参与主体的关联予以科学把握。具体来讲，不同参与主体的关系具体体现在下列几点。

1. 独立性

不同参与主体间是彼此独立的，各个主体在所在领域发挥作用，自身便存在差异性。与此同时，不同参与主体应该履行的职能主要包括：教育对象接受教育主体的指导，借助多元化教育实践活动，能够促使教育对象与教育主体之间加快融合发展，教育主体对教育对象思想政治水平提升起到指导作用。不同主体均发挥自身主观能动性水平，在所在领域形成差异化意识思维。协同育人期间，教师方式、教育效果等均存在很大的不同，不同主体均具有独立性的特点。

2. 主动性

在育人机制实施期间，不同协同育人主体能够对其他育人主体起到影响作用，不同育人主体借助机制作用来转变之前保守的教育风格，由此构成全新协同育人模式，确保能够与有关要素彼此融合发展，在磨合发展期间能够实现既定的协同育人的效果，同时在实现协同效应基础上能够积极主动融入协同育人各个过程中来。

3. 开拓性

协同育人不同参与主体在拥有主动性、独立性特征的同时，还应该具备开拓性。协同育人机制模式下，不同育人主体的存在均彼此独立，需要我们发挥主体主观能动性水平，分别从内容层面、制度层面等不同角度加强优化创新。

思想政治教育系统内部增强协同。思想政治课程有助于有效地为大学生群体开展各种类型的思想政治教育。同时，教师应该增强认知，制定合理的教学规划，为培养学生道德品质贡献力量。另外，思想政治教育课程对应子课程也应该增进关联，在培养学生道德品质工作中，管理者与教育者也需要做好协同。此外，思想政治课程专业教师日常需要增进与辅导员等不同教学主体的沟通交流，从不同层面来掌握学生思想政治素养情况，确保学生辅导员能够更好地开展工作，提升工作针对性水平。专业课教师还应该结合学生学习情况，及时汇总分析课堂教学中存在的不足，把学生思想政治素养情况向党团支部反映，促进高校思想政治教育工作的优化提升。做好学生思想政治教育，不应该仅仅停留在课堂教学之中，还应该在拓展多元化实践活动方面下工夫。

具体来讲，思想政治教育系统能够最大程度发挥学生社团的作用，以此来对学生思想政治素养产生潜移默化的影响。当然，多种类型的实践活动也与协同育人理念相符。做好思想政治理论课教师与专业教师之间的协同。其中，借助这一方式，可以培养更多专业复合型人才。为了进一步增进思想政治教育教师与专业教师之间的交流与合作，首先作为专业教师，需要不断增强自身思想政治素养，在对学生开展专业教育期间落实全面育人理念。在教师引进方面，学校也应该做好理念把握，制定严格规范的教师选拔标准，特别是在教师职业道德、思想政治素养等方面做好考察。入职之后，学校还应该定期为教师做好与政治有关的学习培训，确保专业教师能够实时了解掌握最新政治理论知识，确保专业教师能够在日常课堂教学中，也能够适当为学生穿插讲解一些思想政治理念，发挥教师的责任与担当。另外，在专业课任职教师与思想政治教育教师之间，学校还应该建立完善的沟通体系，在专业教育内容中增加与德育教育有关的内容。对于部分学术问题，专业教师还应该从思想政治层面入手，做好判断，为学生灌输正确的学术理念。

专业教师和辅导员协同育人。辅导员和专业教师间也能够增进协同关联，确保在专业教育领域能够彰显出提升思想道德水平的因素。专业教师与辅导员之间需要在明确自身责任的前提下，加强彼此交流与沟通，在辅导员工作与专业教育之间找到重叠的内容，据此来开展协同教育工作。重新审视教学实践中存在的固有经验，积极学习优秀教学经验，在做好沟通交流中予以固化。

从学校层面，也应该为工作开展制定有关指导性文件，促进辅导员与专业教师工作之间的顺利有效开展。学校在任命班主任时，也应该把教师思想政治水平放在突出重要位置上。主要是由于在辅导员与专业教师沟通期间，班主任能够在其中起到桥梁作用。在专业教育开展过程中，为高效地对学生渗透开展思想政治教育，班主任可以与辅导员之间做好沟通，促进教学工作的顺利开展。常规专业教育开展期间，为了能够增强教育渗透作用，教师还可以组织班内党员共同参与，发挥党员对其他同学思想政治水平提升上的引领作用。

就业指导处工作人员与专业教师之间应该增加协同。在就业指导工作开展过程中，专业教师在其中扮演关键性角色。学生走出校园后，大多倾向于寻找与专业有关的工作。此时，专业课教师对专业知识比较精通，同时对专业领域发展有着独特的认知，所以专业教师也能够在这一方面为学生提供指导。据此，学校能够落实专业教师导师制，为临近毕业的学生安排对应的专业导师，以此为学生就业规划提供专业指导。当然，指导工作并非只停留在提供就业信息方面，教师还应该结合不同学生的实际特长，为其制定针对性职业规划提供必要的辅导，引导学生能够明确就业方向，令学生能够顺利地从学校步入社会。另外，作为就业指导处工作人员，应该做好本职工作，全力做好市场人才需求信息收集汇总工作。专业教师在参照就业需求信息基础上，给学生提供权威的就业指导，并且能够以此为参考，对专业教学工作做好实时优化整合。

4.2.2 高校思想政治教育的协同内容

高校思想政治教育协同育人机制的主体虽说是相对稳定的，但其范畴是在不断扩张的，教育主体随着社会的进步，其参与要素日益充实，教育对象在数量上不断增加，教育实践活动在形式也逐渐丰富。高校思想政治教育协同育人机制的持续稳定运行，需要实现各参与主体的融合互通。内容协同主要涉及心理健康教育、德育教育等不同内容，借助协同育人机制，确保不同教育内容能够在做好理论知识传授的基础上，同时提升教育实证实效性水平。

1. 思想体系：“媒厨”与“政厨”的协同

在全媒体融场域下创建思想政治教育协同育人体系，高校应具有全局意识，加强对全媒体运行机制了解，深究思想政治教育活动要求，然后从宏观角度出发开展顶层设计，肯定自我主体地位，兼顾育人体系中的思想理念、评价体系、制度建设，实现统一。

首先，肯定全媒体“融思维”重要性，肯定思想政治教育“宏理念”的存在意义，并促进两者融合。近些年来，强势崛起的全媒体为高校思想政治教育早日达成“提质增效”创造了重要契机。此时，高校在构筑思想政治教育协同育人体系时应做到与时俱进，将“三全育人”“四全媒体”融为一体，通过知悉调整大学生思想政治教育所需，知悉新旧媒体的优缺点，以此为据，实现对“纸、网、端、微、屏”的综合应用①，本着循序渐进的原则将“融量、融质、融性”工作落实到位，促进“融媒体”积极影响作用的体现。

其次，从动态角度出发对思想政治教育效果进行梳理，在全媒体手段的帮助下，实现对思想政治教育实效的测量和评价。经过了解发现，大学生的思想问题兼具诸多特点，比如反复性、动态性、周期性。众所周知，面对在读大学生，高校肩负着教育和再教育的重任，旨在通过思想政治教育活动的进行，促进大学生综合素质提升。因此，高校在创建和完善思想政治教育评

① 做大做强主流舆论——习近平总书记在中共中央政治局第十二次集体学习时的重要讲话引领媒体融合发展新作为［N］. 人民日报，2019-01-27（1）.

价体系时应注重闭环重塑功能的充分发挥，将全媒体手段视为利器针对该体系的组成要素做必要统计，并进行数据聚类分析，在优化结论的同时发现新的问题，以新问题为参考，针对大学生启动再教育活动。此外，对思想政治教育效果作动态测评，此举又具有查漏补缺的效果，而且能够促使现有体系升级优化，促进内循环的形成。

最后，促进网络素养改善，助力网络思想政治教育制度建设活动推进，注重两者协同发展。具体来看，网络素养是指网民所拥有的一种修养、遵纪守法的意识和能力。[①] 据悉，在全媒体融场域下，网络行为失范现象时有发生，对于高校思想政治教育而言，网络素养已然成了现阶段不得不关注的重要课题，而且需要将其提升至与网络思想政治教育制度建设同一高度。通常来说，在建设网络思想政治制度时高校应兼顾两方面：一是需要将现有的政治规定、运行机制、执行准则等落实到位，另一方面需要适度加大对网络舆情、媒介应用、舆情教育制度的考量，尽可能为网络思想政治教育活动的有序推进奠定基础。

2. 内容体系：存量与增量的协同

知悉并尊重思想政治教育内容发展规律是创建思想政治教育内容体系的必要前提，同时需要梳理时代发展与社会生活之间的内在联系，才有可能促使教育内容与社会产生互动，让两者处于和谐状态中，且拥有源源不断的成长能力。[②] 在新时代全媒体融场域下，高校需要将时代因素融入至理论、实践和管控活动中，以此为据丰富高校思想政治教育内容体系，面对传统内容提取精华，去除糟粕，并注重内容延展，将以下原则视为重点。

首先，强化基本理论内容，结合客观所需促使基本理论内容向着多元化方向发展。从理论角度来看，坚守马克思主义意识形态基本理论内容，有助于高校思想政治教育活动坚持发展方向，且契合时代发展。高校还需要加强

---

① 戴仁俊．国内外“大学生网络素养”概念的研究综述［J］．教育现代化，2018，5（43）：187-190.

② 熊建生．思想政治教育内容的逻辑建构［J］．思想理论教育，2014（02）：16-21.

对全媒体技术的合理应用，将其作为优化基本理论内容的重要利器。固守基础，并实现创新。高校作为教育主体在满足内容创新三维度要求的同时，还需要赋予思想政治教育内容更多表现形式，并注重其科学性、有效性和人本性的增加。举例说明，在设计和优化教学 PPT 时加强对 HTML 的合理应用，将学校的微信公众号平台作为内容公布的首选，开启问卷调查活动时实现对网络 APP 端的使用，有意识地将 MOOC 融入高校思想政治理论课的实践教学中。此外，在视听新媒体技术的帮助下赋予课程思政更多趣味性，增加其感染力和实效。

其次，以实践内容不断丰富理论内容。众所周知，传统思想政治教育一向重视纯理论内容的讲解。在全媒体融场域下，高校应加大对实践内容的了解，将其作为理论内容不可或缺的补充，提升各类学习载体的出现概率，以受众需求为据，体现全媒体方式实践效果。举例说明，高校在举办以下活动中需要将思政元素融入其中，一是奖学金评定和发放；二是贫困生的识别和资助；三是诚信活动教育开展；四是班级文明和宿舍文明建设等。同时，思想政治教育实现了对全媒体“号召力”这一功能的应用。比如，基于 XML 技术实现思想政治教育大数据模型的构筑，丰富实践内容呈现方式，给予思想政治教育活动更多针对性、时效性与实效性等特点。

最后，合理管控思想政治教育内容。全媒体融场域下的思想政治教育活动实施效果与外部网络环境之间有着密切关联。高校应具有强烈的危机意识，站在维护国家政治安全、意识形态安全高度，将底线思维落实到位，强化忧患意识，注重风险防控能力提升，以事实为据，为网络思想政治教育内容建设和制度建设奠定基础，安排专人负责学校官网建设，注册官方微博及抖音号等，在主流媒体的帮助下，将存在于教育环境中的负能力剔除在外，不遗余力地提升正能量场域所具有的强度、力度和效度，当全媒体传播如愿在法治轨道上运行时，高校思想政治教育的“纯正度”定会得到改善。

3. 方法体系：媒介与路径的协同

2019 年 1 月 25 日，习近平总书记在中共中央政治局就全媒体时代和媒体融合发展举行第十二次集体学习时，提出“四全媒体”概念，迅速在传播领域内成为焦点。“四全媒体”是指全程媒体、全息媒体、全员媒体、全效媒体。① 首先，全程媒体中的全程，打破了时空尺度的束缚；其次，全息媒体中的全息则打破了物流尺度制约；再次，全员媒体中的全员打破了主体尺度的约束；最后，全效媒体中的全效则打破了功能尺度的桎梏。促进“四全媒体”与“三全育人”的结合并非易事，需要将思想政治教育媒介与路径的协同发展作为重点。

首先，全程媒体与全过程育人。从理论角度来看，全程媒体是指全媒体充分发挥交互作用的表达方式，它能够有效化解时空带来的束缚，见证大学生成才全过程。此时，高校需要根据各年级学生学习目标与学生个性化所需，将全媒体手段融入课堂教学、实践活动的开展中，继而促进不同教育目标的顺利达成，将思想政治教育的全过程育人呈现到公众面前，并注重改善。

其次，全息媒体与全方位育人。具体来看，全息媒体依赖技术性载体，为信息传递提供更多路径和选择空间，打破一维物流介质传播所具有的局限性。在开启思想政治教育活动时，高校需要从总体角度出发，借助数据分析、观察法等方式对碎片化资源的发展和传播规律等进行梳理，为学生随时接受教育提供更多可能性，促进立体化协同育人优势的显现，最终实现全方位育人这一目的。

再次，全员媒体与全员育人。据悉，全员媒体打破了主体尺度的桎梏。结合思想政治教育活动来看，在全媒体使用人员的推动下，思想政治教育原有的“一对多”特点将会逐渐被“多对多”所取代，助力全员育人目的达成。具体来看以上目标实现需要做到两点：一是在学生党员、党支部书记、二级党委、党委等参与主体的努力下促进纵向层状结构思想政治教育队伍的形成；二是在学生、家庭、社会、学校的推动下完成横向网型结构思想政治教育队伍的

① 推动媒体融合向纵深发展 巩固全党全国人民共同思想基础［N］. 人民日报，2019-01-26（001）.

组建。伴随着两支队伍“意见领袖”作用发挥，全员媒体能够实现对全员育人格局多层次多维度的打造。最后，实现全效媒体与“三全育人”整体效果。

据了解，全效媒体是借助全媒体传播技术创新性地将思想政治教育内容作为教育课程任务进行传播，它具有强大的融合功能，能够将内容、信息、社交、宣传等融为一体，为在读大学生打造“信息一条街”，鼓励大学生以全媒体终端为载体全身心投入到学习中的一种教育方式。在全效媒体的协助下，“三全育人”公共概率能够得到大幅提升。同时，“三全育人”各环节能够实现彼此衔接，为育人成果的顺利转化创造更多有利条件，给予各参与主体更多责任感，通过齐心协力，思想政治教学质量定会得到提升。①

4. 评价体系：效度与信度的协同

在完善高校思想政治工作评价体系时，需要加强对指标的筛选、研究方法的制定、内容涉及层面的拓展等，并促使高校思想政治工作向着规范化、制度化方向发展。②从理论角度来看，只有协同好质性评价效度与量性评价信度，高校思想政治教育才能做到兼顾，起到“上连党心、下接民心”的作用，更契合实施，更具有温度。

以“不变”考察教育内容，以“变”考察教育内容所具有的表现形式。处于全媒体融场域背景下，高校思想政治教育需要将马克思主义意识形态理论作为理论指导，持续丰富思想政治教育内容，并注重其表现形式的多样化发展，提升形式“含金量”。因此，对于思想政治工作评级体系而言，一方面需要本着实事求是的原则加强对教育“绝对内容”的考察，分析其基本性、规范性及学理性。另一方面将表现形式视为重点，着重考量“相对内容增量”所具有的技术性特点。以上考察标准的实施，不仅能够为全媒体融场域作用体现保驾护航，又能够促进思想政治教育内容绝对性与相对性、存量

① 王焕良.构建高校思想政治“四全”育人体系[J].思想政治教育研究，2017，33(02)：75-78.

② 中共中央国务院印发《关于加强和改进新形势下高校思想政治工作的意见》[N].人民日报，2017-02-28（1）.

与增量、变与不变之间的协同发展。

静态评价指标与动态评价指标的彼此融合。经过了解发现，传统的静态评价指标以政策、制度等为主，但是忽略了客观因素所带来的不确定性。举例说明，全媒体融场域具有即时重塑性特点，在高校思想政治教育活动中，具体教育方法、实际载体的存在价值愈加凸显。此时，高校在评价思想政治教育活动成效时需要加大对动态指标的考量，力求做出客观精准的评价。对于高校思想政治教育评价体系而言，面对全媒体融场域的新样态，其评价体系需要使用“动静结合”的融技术评价指标，避免陷入指标单一，评价与客观事实不符等情况出现。

从本质来看，将实效性作为重点的思想政治教育内容表达方式还需要对人本性所具有的协同作用做综合考量。换句话说，在评价思想政治教育方式方法时需要重点考察实效性与人本性，并注重两者交融。当教育主体对全媒体技术进行利用时，需要梳理和分析受众心理特点以及承受能力，完成多维度立体化协同创新模式的创建，促进互动耦合机制形成，为高校思想政治教育发展新体系的确立做好铺垫。

从以上分析中能够得出，高校必须要出台各种措施来推进思想政治教育协同育人机制。其中，针对内容协同，可以仔细做好以下几点。

政治素养教育协同。思想政治教育开展中，培育学生政治素养是其中主要内容之一，具体内容涉及思想品德教育、思想政治素养教育等。某种层面上，思想政治素养教育其中涵盖党建团建有关内容，学校应该引导学生增强入党积极性，促进多元化党团活动有序开展。从广义层面上看，学生心理教育也属于思想政治模块的内容，辅导员在做好对学生思想政治教育的基础上，还应该做好与学校心理咨询处专业老师的配合交流。

专业课教育协同。学业教育模块还综合涵盖学风引导、精英典型教育、专业教育等不同方面，这里涵盖诸多不同的教育因素。二级学院领导负责本学院专业教育开展，同时安排专业教师来具体执行，班主任及辅导员在其中配合。做好学风教育，应该加强专业课任课教师、辅导员等不同主体的配合练习，促进优良学风的构建。考风建设则应该发挥教务处及辅导员的作用，处理协调好监察与预防的关系，提升学生诚信考试理念。

团学教育协同。团学教育主要运用团学活动形式开展，具体能够表现为差异化主题。培养专业素质方面，能够体现出运用团体学习方式做好大学生科技创新教育工作；从实践方向层面，能够体现出以志愿者活动类型开展各种社区义务活动。

就业指导协同。高校教育工作开展中，就业指导是其中主要内容之一。首先，高校教育开展应该严格遵循以就业为导向的原则，为学生开展就业指导期间应该严格结合不同学生的实际有序进行，健全优化高校就业指导平台。其次，学生入学之初，学校便应该为其开展相应的职业规划指导，引领学生确立发展方向。最后，在职业规划教育上，学校还应该将心理教育机制引入其中。

4.3 “双一流”背景下高校思想政治教育协同育人机制建构

2017 年，教育部部长陈宝生在《人民日报》发表文章时提到“掀起‘课堂革命’，努力培养学生的创新精神和实践能力”[①]。2018 年，在新时代全国高等学校本科教育工作会议中，陈宝生部长提出“推动课堂革命，建好质量文化”[②]。随后，教育部颁发的《教育部关于加快建设高水平本科教育全面提高人才培养能力的意见》着重强调高校课堂教学革命的重要性及实践意义[③]。高校之所以要开启课堂革命改革活动旨在优化人才培养模式，持续优化人才培养质量，为中国梦实现输送各类创新型人才。显然，单纯依赖大学无

---

① 陈宝生．努力办好人民满意的教育［N］．人民日报．2017-9-8（7）．

② 李依环．教育部部长陈宝生：本科教育是大学的根和本［EB/OL］．（2018-6-22）［2020-9-8］．

③ 教育部．教育部关于加快建设高水平本科教育全面提高人才培养能力的意见［J］．中华人民共和国教育部公报，2018（09）：18-24.

法实现创新型人才培养，除大学课堂外，高校还需要借助社会力量在更加宽广的领域内积极探索新的人才培养模式。

4.3.1　基于“双一流”建设协同育人的“课堂革命”

课堂革命，“意味着课堂将发生一系列重大的、关键的变化”[①]。课堂革命具体是指什么？或者说课堂出现哪些改变才符合革命要求呢？别敦荣教授认为，课堂革命不仅需要完成现代课堂建设，为师生学习、知识传授提供良好的学习环境，还需要本着抓主放次的原则促进良好师生关系形成，培养学生自主学习习惯，突破原有教材局限[②]。刘振天教授认为，课堂教学革命涉及层面宽泛，其中包括观念的优化、模式的更新、内容的丰富、途径的拓展、方法的多样化发展以及系统性的重塑[③]。笔者综合学者们的不同观点从中归纳课堂革命的具体表现。

1. 课堂教学本质观的突破

在刘振天教授看来，课堂教学革命等同于教学本质观的更新，不仅需要肯定教学在传播知识中所具有的作用，还需要将教学看作是人与世界之间的互动与交往实践活动[④]。叶澜教授认为，“特殊认识活动论”的课堂教学观具有滞后性特点，有必要从实践角度出发实现对教学本质观的全面了解，开拓性地将课堂教学看作是伴随着师生互动，有助于生命健康成长的一项教育活动[⑤]。不可否认，在所有教学观念中，处于核心位置的教学本质观能够为教学

---

① 周序，张盈盈．论高校“课堂革命”的方向［J］．高校教育管理，2019，13（06）：88–94.

② 别敦荣．大学课堂革命的主要任务、重点、难点和突破口［J］．中国高教研究，2019（06）：1–7.

③ 刘振天．高校课堂教学革命：实际、实质与实现［J］．高等教育研究，2020，41（07）：58–69.

④ 同上

⑤ 叶澜．让课堂焕发出生命活力——论中小学教学改革的深化［J］．教育研究，1997（09）：3–8.

行为提供正确引导，又能够顺势突破传统教学本质观的束缚，继而引发教学意识及具体行动的改变。

2. 课堂教学价值观的重建

课堂教学本质观决定着课堂教学价值观。当课堂教学被认为是师生合作且有助于学生健康成长的具体实践活动时，课堂教学所秉承的价值观则需要将重点集中在培训新时代人才中[①]。在这种情况下，以往注重局部的课堂教学价值观得以转变，开始关注整体，多元顺势取代单一，人的价值愈加凸显。此时，课堂教学价值取向在关注学生知识递增的同时，又会着重强调品格、技能及知识应用等，促使学生实现全面发展。

3. 课堂教学过程观的更新

针对课堂教学过程而言，需要用“多向互动、动态生成”取代“单向传递、忠实执行”[②]。对于学生而言，处于中小学阶段时，其主要任务是进行理论知识学习，在步入大学阶段后，则需要基于所学主动去探索未知。大学中的教学过程是基于知识基础，探索新观念、新认知、新创意的持续性发展过程。大学需要以培养创新型和创业型人才为己任，由封闭向开放转换，由接受向发现转换。

4. 课堂教学方法的转变

2018 年，国内 150 所高等院校联合推出《一流本科教育宣言》，其主要目的是“推动课堂革命，把沉默单向的课堂变成碰撞思想、启迪智慧的互动场所”。不过，截至目前，在大学课堂教学中讲授法依旧是教师首选，学生则处于被动应对状态。虽然布鲁贝克认为，“在向学生传授最新研究成果，帮助学生系统化地整理大量信息，让学生从总体上了解未知的领域，以及用

① 叶澜．重建课堂教学价值观［J］．教育研究，2002（05）：3-7+16.

② 叶澜．重建课堂教学过程观——“新基础教育”课堂教学改革的理论与实践探究之二［J］．教育研究，2002（10）：24-30+50.

教授对自身专业的热情来感染学生等方面，讲授法都是卓有成效的”[①]。同时，布鲁贝克又提到，“讲授法一直被当作传递高深学问的最主要的一种形式，而这样却在一定程度上抑制了学生发挥主体性以及参与教学、科研的欲望和热情”[②]。讲授法在传播知识中处于优势地位，不过在创造和应用知识中却有短板。因此，有些学者认为：“对于那些能够进行知识创新并不断发展其理解的创新型专业人员来说，教授主义则更不相配。在如今这个创新型经济社会中，以讲授作为主要方法的教授主义已经过时了。”[③]

5. 课堂教学评价的转变

以往，在衡量和评价课堂教学实效时多会将重点放置到教师身上，学生的学习状态、学习习惯及学习意识等并未得到应有的关注。教学，可以促进学习，不过无法彻底取代学习。教师教得好并不意味着学生能够学好。在大学课堂中我们能够经常看到以下场景，在讲台上的教师神采飞扬，可是有些学生却认为这门课程缺少实用性，抑或是与自我就业无关，无须全身心投入其中进行学习，会开小差，比如刷手机、看课外书或者做其他课程作业。由此可知，教师所具有的教学能力与学生成绩之间并不存在必然性联系。因此，在评价课堂教学时需要将学生表现作为重点。余文森教授等人将课堂革命做了以下解读，他们把学习没有在课堂教学中真实地发生转变为学习在课堂教学当中真实地发生看作是课堂革命主要内容[④]。以此为背景，针对大学课堂教学他们提出了“阅读——思考——表达”教学模式，深挖学生主观能动性，鼓励他们主动阅读、积极思考，实现知识、技能、品格提升，最终达到全面成长的目的。

---

① 詹姆斯·R·戴维斯，布里奇特·D·阿伦德 . 高效能教学的七种方法［M］. 陈定刚，译 . 广州：华南理工大学出版社，2014.

② 约翰·布鲁贝克·S. 高等教育哲学［M］. 王承绪，郑继伟，徐辉等译 . 杭州：浙江教育出版社 .2002.

③ R·基思·索耶 . 剑桥学习科学手册［M］. 北京：教育科学出版社，2010.

④ 余文森，宋原，丁革民 .“课堂革命”与“金课”建设［J］. 中国大学教学，2019（09）：22-28.

不可否认，以上所讲并不是课堂革命所有内容的具体呈现，传统课堂所具有的封闭培养、分科教学、集体授课等基本属性并未伴随着这些革命实现质的改变。由此可知，课堂革命只是一项针对课堂教学内部的要素革命而已，并非是课堂教学基本组织形式的重塑。从辩证角度来看，课堂教学并非一无是处，我们只是需要提取精华并加以丰富，予以改进，给予更多活力，促进思想政治协同育人模式形成，最终培养出契合时代要求的创新型人才。

4.3.2 聚焦“双一流”建设思想政治教育协同育人的必然性

基于新时代背景培育创新型人才是高校不容推卸的使命。课堂革命作用有限，无法将那些存在于课堂教学组织层面的问题予以化解，关键这些问题又是阻碍人才培养的瓶颈，不利于创新型人才数量提升和质量改善。因此，作为“双一流”建设高校应具有全局意识，在推动课堂教学有序进行的同时，通过科研、服务等活动发现更多人才，促使课堂教学育人活动向着多方协同育人方向发展。

1. 培养拔尖创新型人才是“双一流”建设高校的时代使命

步入新世纪以来，人才重要性愈加凸显，已然成了各国政府予以关注的焦点。人才数量和质量不仅关乎各行业发展，而且与国家综合实力密切相关。尤其是那些创业型人才、创新型人才和领袖型人才，他们引领着产业发展方向，始终走在学术前言，又是技术革命的推动者，肩负着制定行业标准的重任，其存在价值不容小觑。

首先，“双一流”建设高校需要将培育领袖型人才视为己任。据悉，西湖大学校长施一公认为，研究型大学的任务并非是以就业为主，而是大力培育人才，为祖国和各行业源源不断地输送栋梁抑或是领袖[①]。施一公的观点

① 施一公．中国大学的导向出了大问题［J］．民主与科学，2014（06）：5-6.

并不罕见，其实海内外有很多研究型高校早已将培育领袖型人才作为工作重点。以牛津大学为例，早在 16 世纪该校就明确了发展目标，即培育政治型人才。除政治领袖人物外，牛津大学还注重文学领袖、医学领袖、化学领袖、数学领袖等领袖人物的培养[①]。在国际学术领域内，耶鲁大学被喻为“领袖的摇篮”，该校前校长莱文曾明确表示：“我们要为整个世界教育出领导者。”[②]近些年来，上海交通大学致力于创新型领袖人才培养，希望能够为国民经济发展、世界科技进步做出重要贡献[③]。

其次，“双一流”建设高校需要将培育创新型人才视为己任。对于研究型大学而言，发现新知识、助力科技创新发展、培育创新型人才是工作重点。目前，世界一流大学将培育和提升学生创造意识、创造能力作为根本任务之一。比如，麻省理工学院在注重学生基础科学、人文知识与专业技术的同时，鼓励教师着重培育学生的问题发现和解决能力[④]。加州大学伯克利分校则要求本科毕业生通过对多种方式的综合应用，基于原有知识积极探索新的知识点，并完成知识环境重塑或转换[⑤]。国内的清华大学、复旦大学、浙江大学等高校同样将培育创新型人才作为教育重点。

最后，“双一流”建设高校需要将培育创业型人才视为己任。如今，很多研究型大学开启了向创业型大学转变之路。我们耳熟能详的麻省理工学院、华威大学均是其中的典型。在彼得·斯克特看来，创业型大学肩负着两项使命：一是加强对大学生的训练，强化其创业精神，鼓励他们投入

① 洪成文，李湘萍，燕凌．国际领袖型人才的培养：大学领导人的视角［J］．北京教育（高教），2013（01）：75–79.

② 茹晴．我们要为世界教育出领导者——访美国耶鲁大学校长理查德 C·莱文［J］．现代领导，2001（009）：7–7.

③ 张杰．“三位一体”培养创新型领袖人才——上海交通大学人才培养目标探索［J］．国家教育行政学院学报，2010（10）：3–5.

④ 王晓阳．大学社会功能比较研究［M］．北京：高等教育出版社，2003.

⑤ UC Berkeley Commission on Undergraduate Education Final Report（2000）［EB/OL］.（2001–02–12）［2006–06–20］.

到创业中；二是通过技术园创办、孵化器建设等方式为创业型大学生提供助力，成就其事业[①]。培育创业型人才为创业型大学、其他研究型大学等指明了新的发展方向。迄今为止，美国拥有四年制大学数百所。譬如宾夕法尼亚大学，能够为校内大学生提供类型多样的创业教育，如聚焦模式、磁石模式等诸如此类的创业教育[②]。据了解，创业者有商业创业者与社会创业者之分，以哈佛大学、哥伦比亚大学等为首的研究型大学会同时注重两种创业者的培育，且依赖社会创业教育活动的持续推进[③]。2020年，教育部门联合工业、信息化部门共同推出《现代产业学院建设指南（试行）》，认为国内高等院校应注重创业教育学院的建设，积极培育各类创新型与创业型人才。

2. 课堂教学固有的局限性难以独自培养拔尖创新型人才

不同于一般人才，领袖型、创业型、创新型人才均属于拔尖创新型人才，他们将要面对的是未知的领域、未解的问题、未至的时代，应具有勇于冒险的精神、愈挫愈勇的意识、批判性思维、敏锐的洞察力、发现问题和解决问题的能力。同时，他们还需要拥有强烈的责任感、使命感和荣誉感，注重自我创新精神发挥和自我创造能力体现。“教育既有培养创造精神的力量，也有抑制创造精神的力量。”[④]需要注意的是，培养拔尖创新型人才并非易事，且不能照搬一般人才培养方式。比如，那些从事流水线作业的一般性人才不需要批判意识和创造能力，只需要特定技能，高校可以在程序式教育模式的帮助下实现量产。同时，这种标准化、程序化教育模式又会给学生创造力和想象力形成和发展带来负面影响，无法被应用到拔尖创新型人才培养中。课

① 施冠群，刘林青，陈晓霞．创新创业教育与创业型大学的创业网络构建——以斯坦福大学为例［J］．外国教育研究，2009，36（06）：79-83.

② 梅伟惠．美国高校创业教育模式研究［J］．比较教育研究，2008（05）：52-56.

③ 徐小洲，倪好．社会创业教育：哈佛大学的经验与启示［J］．教育研究，2016，37（01）：143-149.

④ 联合国教科文组织国际教育发展委员会．学会生存——教育世界的今天和明天［M］．华东师范大学比较教育研究所译．北京：教育科学出版社，1996.

堂教学遵循了班级授课制度，它是工业化时代的必然产物，追求高效、整齐划一。虽然能够实现人才的“量产”，但是它抑制个体创造力又是不争的事实。一言蔽之，课堂教学契合工业化生产所需，不过面对培养拔尖创新型人才这一任务，短板尽显。在《为新全球化世纪的学院学习》中，美国高校联合会（AACU）提到，当前的院校制度均是 19 世纪工业革命必然产物的延伸，面对 21 世纪提出的要求，处于力不从心的状态中[①]。具体来看，其不适合体现在以下层面。

首先，集体授课虽然能够大大提升知识传播效率，不过会影响因材施教效果提升，并未尊重学生主体地位，为其预留一定的自我发展空间，其个性、想象力等均会遭受压制。“学校是基于每个人在同一时间学习同样内容的设想之上的。课程已经建构好了，因此，每个人在相同的时间里阅读课本中同样的页数，并且在同一天进行同样的考试。”[②] 在以上课堂教学中，处于被动学习状态中的学生成了待加工的标准件，丧失了主动性，其个性彰显、创造性发展成为空谈。

其次，课堂教学与外部环境处于割裂状态中。一方面导致教学过程不完善；另一方面不利于学生知识应用能力提升。布卢姆教育目标分类表从总体角度出发将知识学习结果细分为六种水平，即记忆、理解、运用、分析、评价和创造。如果学生实现了对知识的记忆和理解，意味着学生实现了对知识的掌握；如果学生能够将知识应用到问题解决中，则说明学生拥有了“能力”[③]。一般来说，完整的教学过程是由“教”“学”“做”这三个环节组成，这一过程与学生知识学习的“输入”“加工”“输出”彼此对应。在学习过程中，知识输出环节又是学生学以致用的环节，此举有助于所学知识的深入理

① 赵炬明．聚焦设计：实践与方法（下）——美国“以学生为中心”的本科教学改革研究之三［J］．高等工程教育研究，2018（03）：29-44.

② R·基思·索耶．剑桥学习科学手册［M］．北京：教育科学出版社，2010.

③ 吴红耘．评布卢姆认知目标分类学——以其知识与能力观为中心［J］．苏州科技学院学报（社会科学版），2011，28（02）：86-90.

解，事关知识的成功转化。课堂教学以知识传授为目的，依托学校启动教学活动，学校与科研、生产等专业活动的联系有限，在缺少知识运用场景的情况下，学生的认知能力与知识转化能力势必会受到负面影响。众所周知，专业和课堂在培育人才中发挥着积极的影响作用，学科则是一切教学活动的共同基础，学科能够将知识进行区分和归纳，依托专业和课堂的教育活动为学科知识讲授和传递提供了可行路径。

对于拔尖创新型人才而言，不仅需要拥有亮眼的创造力，还需要注重综合素质的养成。纵观国内高校，在培育人才时存在各种问题，比如学科壁垒的存在、课程系统性不足等，不利于学生综合素质提升和全面成长。"'学术性学科'之间的竞争产生了一堆课程碎片，根本没有一个相互连贯的课程体系。被细化的课程已日益显示出其缺陷：学生不能整体思考，或者不能将一个科目或问题的分析方法迁移到另一个科目或问题中。"[①] 以学生能力发展为导向重塑课程体系，是大势所趋。《斯坦福大学 2025 计划》放眼未来，基于未来社会所需提出了先进的教育构想。在这一计划中，教学活动不再将学科教学作为重点，能力成为新的关注点，高校应通过引领和鼓励促使学生拥有可迁移技能，切实满足科研及工作需求[②]。

最后，课堂教学过程会抑制学生探索精神的发扬，不利于其创造力的形成。课堂教学过程是一种具有特殊意义的认识过程，能够将前人研究成果及实践经验体现到书本中告知学生，虽然教师能够加强教学情境创设，但是长期处于模拟化状态中的课堂教学又会给学生带来直接影响，比如阻碍其创造力的快速发展。同时，学生所获课堂知识只是他人经验之谈，其实践作用及有效性并未呈现到学生面前。当课堂教学只是以知识传递为重点，忽略未知或创造未知，那么学生将无法拥有发现新知识或创造新知识的才能。以上问题的存在与课堂教学模式有着密切关联，且课堂教学属于一种教学组织形式，

① 弗雷斯特·W·帕克，埃里克·J·安科蒂尔戈兰·哈斯．当代课程规划：第 8 版［M］．北京：中国人民大学出版社，2010.

② 翟雪辰．"斯坦福大学 2025 计划"及其启示［J］．高等理科教育，2016（03）：61-66.

难以借助内部要素革命实现创新性发展，必须通过组织再造来改变。

3. 课外、校外的活动是培养拔尖创新型人才不可或缺的路径

教学的基本组织形式有三种：一是课堂教学；二是个别教学；三是现场教学。在学校教育中，教学作为主要活动牢牢占据首要地位，只是教学并非是学校教育的全部，更不是教育全部。一般来说，除教学活动外，学校会基于所需和教学资源通过课外活动、社会实践等方式对学生加强教育。在研究型大学内，科研育人方式发挥着重要影响作用。

不可否认，在培育人才之时，课堂教学是主要途径，但是并不能以此而否定课堂外活动所具有的教育功能。来自哈佛大学的理查德·J·莱特（Richard J. Light）曾说："我以为最重要的，最令人难忘的学术活动是在教室内进行的，而课外活动只是一种有益且适度的补充。证据表明，真实情况恰恰相反……统计数据表明，所有对学生产生深远影响的重要的具体事件，有 4/5 发生在课堂外。"[①]1989 年，诺贝尔化学奖得主切赫提到，研究型大学在培育本科生时最大的优点是拥有研究实验室，并允许本科生通过实验见证知识来源，赋予其别样的学习体验，给他们的生活带来诸多亮点。[②]从中可知，假设高校只是依赖课堂教学去培育学生，就算能够顺利完成教学任务，依旧无法为社会批量输送各类创新型、领袖型、创业型人才。

对于现代大学教学而言，课堂外的"沙龙""俱乐部"等是课堂教学的重要补充，能够拓展大学生视野、丰富其信息渠道来源、有效激发其内在潜力[③]。在这些相对民主、自由的空间内，伴随着学生间彼此交流活动的持续深入，学生理论知识储备量定会愈加丰富，而且学生能够得到智慧启迪，实现

---

① 理查德·J·莱特，等．穿过金色光阴的哈佛人［M］．北京：中国轻工业出版社，2002.

② 周光礼，马海泉．科教融合：高等教育理念的变革与创新［J］．中国高教研究，2012（08）：15-23.

③ 胡弼成，廖梅．试论现代大学教学组织的辅助形式——洛可可沙龙与伦敦咖啡馆的启示［J］．高等教育研究，2002（02）：76-79.

精神成长，当灵感迸发，创意定会向着多元化方向发展。在欧美等知名高校中，导师制、住宿学院制等在培育人才时得到有效应用。比如，在国际社会中享有盛名的牛津大学和剑桥大学就极为推崇导师制，并将其融入至大学教学活动中。1998 年，在《重建本科生教育：美国研究型大学发展蓝图》中，博耶委员会就曾对导师制的重要性进行了着重强调，并鼓励研究型大学将导师制落实到位。同时，剑桥大学和普林斯顿大学面对大学生推出了午后茶，耶鲁大学、剑桥大学等则为大学生提供了住宿学院，旨在为其全面成长营造良好的学习环境，助力其精神成长和创造力发展。①

一言蔽之，大学教育并不拘泥于课堂教学。教育包括课堂教学，但是课堂教学并不是教育的唯一。不同于一般性人才，拔尖创新型人才的素质和能力处于领先水平，是人才中的佼佼者，难以通过课堂教学实现全面成长。因此，高校应注重课内外活动的结合，基于课堂教学所需为其提供必要支撑，促使学生拥有更多创新意识、创造力和问题解决能力。

4.3.3 锁定“双一流”建设思想政治教育协同育人机制的可行性

“双一流”建设高校的科研和服务，具有和教学趋同的培养人才的作用。在优化和完善人才培养路径时，此类高校应加强对人才培养功能的深入挖掘，促进教学与科研、教学与服务融合，探索新的人才培养模式。有些学者提到：“科教融合和产教融合是培养拔尖创新型人才的两种方式。”② 本文认为，“双一流”建设高校在培养人才之时，一方面应基于教学与科研协同、教学与服务协同形成新的育人模式；另一方面应促进教学、科研与服务融

① 谷贤林．导师制·午后茶·住宿学院与一流大学的人才培养［J］．比较教育研究，2003（09）：27-30.

② 周光礼．“双一流”建设中的学术突破——论大学学科、专业、课程一体化建设［J］．教育研究，2016，37（05）：72-76.

合，持续探索三者协同育人模式。其实，大学科研、大学服务的育人作用早已得到教育从业者的肯定，只是缺少系统性，尚未实现常态化发展。在笔者看来，“双一流”建设高校在优化当前人才培养模式时，需要契合新时代人才要求创建惠及全体学生的集教学与科研、教学与服务、科研与服务于一体的思想政治协同育人体系。

1. 教学和科研思想政治教育协同育人

研究是创新和创业的基石。如果缺少研究，创新和创业将难以为继，甚至以失败告终。剑桥大学教育学院院长杰夫·海沃尔教授表示：“至于最大的创新动力的问题，我认为当然是研究。没有研究就没有创新，创新基于新想法的诞生，只有研究才能创造出新的想法。”[①] 威廉·冯·洪堡认为，科研与教学之间有着相辅相成的关系，将科学研究作为教育方式能够取得相对理想的成果。在他看来，高校教师与大学生均是为了学术目的实现而存在。面对研究活动，他们都是其中的参与主体，有责任投入到探寻真理的活动中。此时，课堂教学被科研活动所取代[②]。对于现代高校而言，一方面需要为学生提供课堂教学，实现理论知识传递；另一方面应为学生提供研究机会，促使人才培养目的达成。

早在 1969 年，麻省理工学院在培养本科生时就曾推出了与之相匹配的科研项目。自 1980 年以来，通过研究拓展本科教育的高校数量持续攀升，其中包括特拉华大学、华盛顿大学、斯坦福大学等。1998 年，在《重建本科教育：美国研究型大学蓝图》中，博耶委员会曾着重指出，研究型大学需要兼顾课堂教学与科研教学，为学生提供更多参与科研的机会，顺势挖掘其内在潜力。《重建本科教育：美国研究型大学蓝图》为美国境内高校优化人才培养方式，教学与科研结合提供了诸多指点，本科生得到了愈来愈多参与

① 谢凌凌．世界一流大学的学院治理与高等教育创新——对剑桥大学教育学院院长杰夫·海沃德教授的访谈［J］．高等教育研究，2017，38（05）：1–8.

② Simons M，Elen J.The ‘research-teaching nexus’ and ‘education through research’：an exploration of ambivalences［J］.Studies in Higher Education，2007，32（5）：617–631.

科研的机会。纵观国内高校在教学和科研协同育人中同样累积了一定实践经验。在1950年左右，华中工学院（华中科技大学前身）就曾明文规定，允许三四年级学生参与到国家科研活动中，鼓励五年级学生投入到科学研究中，为国家科研任务达成贡献一己之力[①]。

当前阶段，我国政府加大对科研育人功能的关注，鼓励国内高校将科教协同育人活动落实到位。2015年末，在《统筹推进世界一流大学和一流学科建设总体方案》中，国务院对人才培养模式改革活动的重要性给予了肯定，且提出了通过科教思政协同育人机制的确立，为科研活动提供源源不断的拔尖创新型人才的观点。2019年9月，《教育部关于深化本科教育教学改革全面提高人才培养质量的意见》表明了提升科研育人功能，赋予本科生创新意识和实践能力的观点。在高校实践教育活动中，国内基于教学与科研进行思想政治教育协同育人活动的高校数量逐年递增。有些高校颇具创新意识，能够主动与专业科研机构达成合作关系，旨在实现科教思政协同育人活动目标。如，北京大学联合中国农科院推出了科教融合人才培育新模式，有助于改善人才培养效果。

具体来看，教学和科研思政协同育人是一种依托教学，并促进教学与科研融合的新型人才培养模式。基于两者融合程度能够将教学与科研思政协同育人模式分为三种：一是松散型；二是密切型；三是一体型。

首先，松散型只是大学教师有意识地将科研成果、前沿知识等融入至课堂教学活动中。学生能够知悉很多前沿知识，不过对于此类知识的来龙去脉了解有限。从本质角度来看，松散型依旧属于是知识传授型教学，只是比较关注学科前沿知识的传播而已。学生仅仅是实现了对新知识点的了解和掌握，对其产生过程、作用机制等并不了解，甚至无法将所学知识应用至实际问题的分析和解决中。在这种情况下，学生不具有成为创新型人才的必要前

① 刘献君，罗家才．守正出新的大学之道——华中科技大学历史发展中的若干节点［J］．高等教育研究，2017，38（05）：32-42.

提条件。

其次，在密切型教学与科研思政协同育人方式中，大学教师会特意将自我的科研深度融入人才培养环节中：一方面将前沿知识引入至课堂教学中；另一方面为学生提供研究机会，并要求学生借助研究方法在规定时间内完成研究任务，当学生见证知识形成过程，掌握研究技能后，其创新意识势必会得到有效激发。据悉，罕布什尔学院学生的大部分课时以研究项目为主，在老师带领和监督下，学生们需要做到数据分析、掌握理论基础，全身心投入到研究项目中，并以论文的形成将研究结果予以呈现。经过了解发现，有些本科生的毕业论文质量甚至能够与研究生的水平相提并论①。

最后，一体化类型的教学与科研思政协同育人方式能够做到兼顾，同时背负着教学任务与科研任务的重任。此时，教师与学生同时扮演着研究者的角色，拥有从事研究活动的资格。在美国，以斯坦福大学为代表的研究型大学一向注重暑期研究项目的举办，利用暑期开启研究活动，鼓励本科生参与其中获取别样的学习体验。加州大学洛杉矶分校则为本科生提供了暑期研究课程，且取得了相对理想的教学成果。以上即为一体化教学模式的真实案例。暑期时间多为两个月至三个月，师生需要同时参与课题研究活动，在项目课程结束之际，学生需要通过研究论文将所得呈现到教师面前，等待斧正。在密切型育人模式中，学生参与的研究课题项目多是对成功研究活动进行复制或还原，实现对研究方式和研究技能的掌握。

一体化育人模式则是在教师引领下投入到真实项目研究中，一切都处于未知状态，此举不仅能够有效促进学生专业知识量的增加，而且有助于其研究意识、创新能力及综合素质改善，学生还能够将所获研究成果发表到相关期刊中，丰富行业研究成果。简而言之，教学与科研思政协同育人在培育学生学术精神、研究技能、创造性思维模式形成等方面具有诸多闪光点，为学

---

① 斯坦利·阿罗诺维兹，周敬敬，刘东．知识工厂废除企业型大学并创建真正的高等教育［M］．郑跃平译．北京：高等教育出版社，2012.

生持续努力指明了新的方向，为其攻读博士学位创造了诸多利好条件。

2. 教学和服务思政协同育人

学习并非只是学生思维过程，学习是一项发生在客观场景中思维与实践行为彼此融合的持续性过程。近些年来，教育从业者开始意识到学习与实践活动之间的内在逻辑关系，认为学生有必要参与到真实实践活动中，抑或是对此类活动进行有效模仿[①]。高校在培育创新型人才和创业型人才时，需要兼顾两点：一是实现书本知识的传播，要求学生内化于心；二是促使学生拥有问题解决能力，顺势激发其创新积极性和创业热情。

通过分析大学社会服务职能能够发现，其作用集中在以下方面：一是为居民提供继续教育服务。二是完成科技园区的创建。三是为政府提供专家咨询服务。四是为各行业提供科学文化服务。在发挥大学社会服务职能方面，威斯康星大学是领路者，该大学认为服务社会不仅是大学和教师的职责，学生也需要参与其中。从理论角度来看，伴随着服务社会过程的持续推进，学生的服务意识定会得到强化，其专业能力也能够得到展现。不同于威斯康星大学，斯坦福大学一向注重对实践活动的应用，借此优化学生专业技能及水平。比如，要求医学院在读学生前往社区与社区医院实习，鼓励法学院学生为当地居民答疑解惑，无偿提供法律咨询[②]。美国密涅瓦大学将培育优秀的领导者、创新者、终身学习爱好者作为发展目标。密涅瓦大学的创办者则认为，“融入世界是理解世界的最好方式”[③]。这也是密涅瓦大学率先推出“全球文化沉浸式学习”这一人才培养模式的主因。进一步分析，这所大学并未将授课场所局限于固定校园及课堂中，而是放眼世界确定教学场所。学生辗转各地完成学习和体验活动，其中包括德国柏林、中国香港、韩国首尔等。简而言之，教师不再是知识传播中的唯一主体，大学校园不再是授课的唯一

---

① R·基思·索耶．剑桥学习科学手册［M］．北京：教育科学出版社，2010.

② 别敦荣等著．世界一流大学教育理念［M］．厦门：厦门大学出版社，2016.

③ 陈乐．密涅瓦大学：引领未来高等教育？［J］．比较教育研究，2016，38（10）：59-64.

场地。

从理论角度来看，高校教学和服务思政协同育人是依托教学活动，并促进教学与服务彼此融合，致力于学生知识量增加、技术水平提升、品德持续优化的育人方式。大学社会服务重点有两个：一是知识服务；二是专业服务。在社会服务中，以学生对所学知识及技能的依赖程度可以将这种育人方式细分为三个层次。

第一层次，学生在服务活动中对所学知识的依赖性并不强，此类服务的作用是提升其道德品质，学生所学知识及技能并未得到有效验证或改进。第二层次，学生需要凭借所学切实满足服务对象提出的要求，比如为企业提供具有可行性的产品改进方案。此举能够让学生从实践角度出发加强对所学知识及技能的深入了解，而且能够以此为契机在服务企业中获取管理实践经验，从而丰富自我阅历。同时，面对企业与社会机构提出的诉求，高校能够对当前的发展方向、教育目标等进行优化，促进教学育人整体水平提升。第三层次，学生能够在教师引领下服务社会，又能够对所学知识实用性进行验证，甚至发现新的知识点或促进所学知识的创新性发展。在这种情况下，学生的创造力能够呈现出水涨船高之势，又能够为高校开启教学改革提供助力。教学和服务思政协同育人所处层次不同，在丰富学生知识储备量、提升学生技能、优化学生品质等方面发挥着不同的作用。将教书育人视为己任的大学应注重教学和服务思政协同育人机制的形成，在陶冶学生道德品质的同时，促进其创新与创业能力提升。

3. 教学、科研和服务思政协同育人

教学、科研和服务思政协同育人是一项集结三方力量且颇为复杂的一种专业育人方式，且有助于人才培养目标的实现。锡拉丘兹大学副校长格申·温科曾着重强调："研究型大学的任务是通过教学、研究、学术成就、创造性成就和服务来促进学习。"[①] 在他看来，学生的学习活动与学术活动、

① 弗雷斯特·W·帕克，埃里克·J·安科蒂尔戈兰·哈斯．当代课程规划：第 8 版［M］．

实践活动、社会服务等均有着一定关联，为学生综合素质改善提供了更多可能。在分析教学、科研和服务思政协同育人方式时，根据教学、科研和服务的融合程度，可以将其划分为三个层次，以下内容对其做了进一步梳理。

松散型的教学、科研和服务思政协同育人。这种育人方式认为，大学中的教学活动、科研活动及服务活动均具有育人功能，三者面对同一育人目标，应加强彼此协作。如，在培育创新型、创业型人才时，三者需要分析其适用范围、优缺点及实施路径，并进行相互配合。就算彼此在育人行动中并未达成合作，只要其作用发挥是围绕人才培养目标，即可视为思政协同育人。换个角度来看，在教育资源有限的情况下，教学活动、科研活动、服务活动之间甚至存在一定的竞争关系，不过三方之举只要有助于人才培养目标达成，依旧属于是思政协同育人。从微观角度来看，“协同”是与竞争对手的协作、同步、互助等。从宏观角度来看，“协同”是指合作与竞争关系并存，且需要在两者之间找寻新的平衡点①。对于协同而言，竞争是其必要的前提，又是不可或缺的动力支持。因此，我们不应抵触教学、科研和服务之间的竞争。

密切型的教学、科研和服务思政协同育人。这里的密切型是指教学活动、科研活动、服务活动面对共同育人目标加强合作，在人力资源、信息资源等方面实现互通有无，伴随着育人合力形成，最终促进育人目标实现。该模式不仅肯定了三者具有的育人功能及育人优势，而且针对三者做出了合作互助的要求。一方面促进教学活动基础性及引领性作用发挥，另一方面促进科研活动优化作用和服务活动拓展作用彰显。

一体化的教学、科研和服务思政协同育人。这里的一体化在合作程度上对教学活动、科研活动、服务活动有着更高的要求。如，哈佛大学曾有一名教师针对学生推出了重新设计冰激凌配方的课题，且要求成品满足好看、味

北京：中国人民大学出版社，2010.

① 吴彤．自组织方法论研究［M］．清华大学出版社，2001.

美、口感好，不会损害人体健康等要求。在研制成功后，学生还需要在企业帮助下进行量化生产，并打入市场进行销售[①]。麻省理工学院从整体角度出发促进了教学活动、研究活动、社区教育价值的统一，以此为据，重塑教育模式，为本科生提供了类型多样的学习场景，通过优质资源共享，提升其成长速度，且实现了整合性教育实践经验的获取[②]。浙江大学在培养本科生时，推出了“创新与创业管理强化班”，安排名师进行授课，着重提升案例教学占比，主动与本土高新技术园区等建立合作关系，为三四年级学生提供调研、实习等机会，且要求学生参与课堂汇报等类似活动，以上行为明显属于是教学、科研和服务一体化培养方式。如果在创新创业竞赛中，学生表现可圈可点，极易成为学习楷模，且得到企业单位的青睐。[③]

2020 年，我国教育部联合其他部门推出了《现代产业学院建设指南（试行）》，且提出了加强实战，积极打造集产、学、研、转、创、用于一体的实体性人才培养创新平台。这一观点为大学优化培养目标、培养方式提供了重要指点，且有助于创新性和创业型人才数量的增加与质量的提高。相信随着时间推移和时代变迁，这种集教学、科研和服务于一体的人才培养平台将会持续攀升，且发挥不容小觑的重要作用。最后需要指出的是，虽然国内“双一流”建设高校均能够创建教学和科研、教学和服务以及教学、科研和服务的三种思政协同育人模式，不过在实践活动中，需要结合自我育人目标及教育资源等有所取舍。此外，从动态角度出发，努力组建兼具适合性和有效性特点的思政协同育人模式。

① 姜澎，樊丽萍．香港科大教授丁学良：“通识教育”已经落伍［EB/OL］.（2011-3-3）［2020-9-20］

② 周光礼，马海泉．科教融合：高等教育理念的变革与创新［J］．中国高教研究，2012（08）：15-23.

③ 潘云鹤，路甬祥，韩祯祥，等．拔尖创新人才培养二十年的探索与实践［J］．中国大学教学，2005（11）：23-25.

第 5 章　高校思想政治教育协同育人机制问题及成因

中共中央、国务院印发的《关于加强和改进新形势下高校思想政治工作的意见》指出："坚持全员全过程全方位育人。把思想价值引领贯穿教育教学全过程和各环节，形成教书育人、科研育人、实践育人、管理育人、服务育人、文化育人、组织育人长效机制。"④ 教育部党组印发《高校思想政治工作质量提升工程实施纲要》，进一步强调："充分发挥课程、科研、实践、文化、网络、心理、管理、服务、资助、组织等方面工作的育人功能，挖掘育人要素，完善育人机制，优化评价激励，强化实施保障，切实构建'十大'育人体系。"⑤ 由此可知，目前高校思想政治工作开展过程中，必须要着重做好思想政治教育协同育人工作。

5.1　高校思想政治教育协同育人工作取得的主要成就

这些年发展中，高校思想政治教育工作受到了党中央的高度关注。在这一背景下，各大高校也纷纷将做好对学生的思想政治教育工作放在突出地

④ 中共中央、国务院印发《关于加强和改进新形势下高校思想政治工作的意见》[N]. 人民日报，2017-02-28（001）.

⑤ 教育部党组关于印发《高校思想政治工作质量提升工程实施纲要》的通知[EB/0L].[2017-12-05].http：//www.moe.gov.cn/srcsite/A12/s7060/201712/t20171206_320698.html.

位，高校思想政治教育协同育人机制初步实现。不过，该机制发展中，依然存在着诸多不完善的地方，在发展中存在诸多不足。所以，我们应该分析协同育人出现不足的影响因素，顺利推进协同育人机制。高校思想政治教育协同育人理念向前推进过程中，初步形成了高校思想政治协同育人机制。

5.1.1　理念初步形成："三全育人"得到贯彻

2004 年，中央 16 号文件对主渠道教育的重要性进行了特别的强调；2006 年，时任教育部部长的周济同志也表示，思想政治教育理论课作为主渠道，和日常思想政治这个主阵地之间有着相辅相成的关系，两者共同构成了大学生思想政治教育的主要内容。[①]时至今日，这两者的重要性在时间的推移中得到了验证，协同育人工作也成为高校当前的重点工作。党中央对此也有较多的关注，先后颁布了多项政策，为协同育人工作的未来发展指明了方向，2015 年，在《普通高校思想政治理论课建设体系创新计划》中指出应该"坚持课堂教学与日常教育相结合，积极拓展思想理论教育渠道"[②]；2017 年在《关于加强和改进新形势下高校思想政治工作的意见》中提到，"应该创造条件推动理论教育和实践活动的有机融合"；2020 年教育部专门针对高校思想政治教育颁布了一项指导纲领，指出"高校应该调动一切资源和力量做好协同育人工作，积极承担相应的责任，实现专业课程和思政课程的有机融合，在高校打造一种协同效应，构架良好的育人格局"。[③]这些政策的颁布极大地推动了协同育人工作的发展，也为实现主渠道和主阵地的协同打下了牢固的基础。

① 周济．切实推进高校辅导员队伍建设为加强大学生思想政治教育提供坚强的组织保证［R］．在全国高校辅导员队伍建设工作会议上的报告（提纲），2006-04-27.

② 中央宣传部，教育部．普通高校思想政治理论课建设体系创新计划［EB/0L］．［2015-07-30］.

③ 教育部．高等学校课程思政建设指导纲要［EB/0L］．［2020-06-01］.

党的十八届三中全会通过《中共中央关于全面深化改革若干重大问题的决定》，强调综合改革教育领域，并注重改革的系统性、协同性。所以，高校需要进一步加强对党中央有关教育文件的贯彻落实，确保高校思想政治教育协同育人理念的初步形成，深入贯彻推进“三全育人”的发展。

1.“全方位育人”的作用

思想政治教育协同育人作为统一整体，其中涉及诸多不同的要素。实现育人目标需要从不同方面有序推进，最大限度地发挥各种要素的协同优势，创设积极高效的育人氛围。

2.“全过程育人”的作用

高效思想政治教育协同育人的形成并不是在短时间内就能够形成的，而是需要历经一个发展过程。协同育人理念应该在学生成长的各个阶段始终存在，推进思想政治教育工作有序向前推进。

3.“全员育人”的作用

高校思想政治教育协同育人开展过程中，多元主体为有效参与者。协同育人建设期间，要求多元主体增强自身思想道德理念，积极主动地融入协同中来。各大高校还应该顺利推进协同育人理念的实施，结合高校发展实际，创造性地推出不同的思想政治教育协同育人模式。比如，首都师范大学推出“1144”模式；长春师范大学推出“1233”协同育人模式等。总之，不同高校协同育人模式的探索给其他高校思想政治教育协同育人路径探索提供了有效的参考与借鉴，有助于各高校更好地做好人才培养工作。

5.1.2 途径初步构建：“大思政”格局形成

2017年5月13–14日，为了更好地完成高校思想政治教育工作，来自全国各大高校的代表齐集杭州市，召开了一场名为“新形势下高校思想政治工作与思想政治理论课创新”的学术研讨会，这次研讨会设有两个议题，一是如何在新形势下开展高校思想政治教育工作；二是如何进行教育创新。在这次研讨会上各位学者指出，应该在新的历史时期跟上国家的思想政治部署步伐，以马克思主义为指导，以创新思维积极推动思想政治教育改革，构建更具科学性的育人格局。推动理论界和学术界积极开展研讨工作，创造一切条件推动高校思想政治教育工作顺利开展。①

2017 年 9 月，成都大学围绕高校协同育人工作开展召开了一场别开生面的研讨会，以清华大学、北京科技大学为代表的几十所高校学者莅临了这次学术会，与会者讨论了如何打造更为完善的协同育人机制，实现思想政治理论课和日常教学的有机统一，学者们还将自己的教学经验和体会在会上进行了分享。② 这些研讨会的主题是为了更好地推进协同育人工作的发展，积极实现理论和实践的有机融合。除此之外，各大高校也纷纷召开了相关类型的研讨会和交流会。由此得知，学术界已经认同了主渠道和主阵地协同育人的重要性，在未来的发展过程中，以此为重心的研究和探索还将继续。

协同育人理念向前发展过程中，高校也初步建立起了相应的思想政治教育协同育人渠道，并日益促进了“大思政”模式的产生。第一，初步形成了多元主体协同育人。日常思想政治教育开展过程中，高校管理者增加对协同育人的关注，班主任及辅导员通过不同方式关注了解学生思想动态，专业课教师协同互动理念逐渐形成。第二，初步形成部门协同育人。为了有效推进思想政治教育协同育人建设，部分高校还专门组建相关委员会，主要职能是对协同育人各项工作进行部署，使得不同部门交流日益密切。第三，初步形成不同课程协同育人。在高校课程体系中，思想政治理论课的影响力日益增加，思想政治理论课与专业课之间融合发展，多元化特色育人活动开始产生。第四，初步形成平台协同育人。社会实践与理论学习间增进联系，初步

① “新形势下高校思想政治工作与思想政治理论课创新”学术研讨会在杭州召开［EB/OL］.［2017-05-24］.

② 岳鹏，许庆荣.高校学生思想政治教育主渠道主阵地协同育人机制专题研讨会综述［J］.学校党建与思想教育，2017（21）：92-93.

推进网络思想政治教育开展，开始关注校园文化建设。

从高校发展层面，“大思政”具体表现为能够联合各种力量来全力做好学生思想政治教育。以上海高校为例，当地高校目前形成了多元化的“大思政”发展格局，从市政府到各高校均致力于做好教育改革工作，增加思想政治影响力，在教育教学各个过程中深入贯彻落实习近平新时代中国特色社会主义思想，引导学生能够科学合理地应用马克思主义理论来分析并解决问题。此外，在专业课教学期间，高校还不同程度融入有关思想政治课程内容，例如，上海财经大学推出的《爱情心理密码》课程、《生活中的经济学》课程等。整体来讲，经过这些年的发展，目前已经初步构建了课程、人员、平台等元素在内的协同育人体系，极大地丰富优化了高校思想政治教育有关内容，有助于增强全员参与热情，做好教育教学模式的创新发展。这样，“大思政”局面会随之不断向前推进。

5.1.3 实效性初步彰显：理想信念得到强化

2018 年 5 月，“三全育人”试点工作启动，共计分为三个类型：第一，设立综合改革试点区，从省级层面进行统筹工作，打造长效管理机制，建立完善的育人体系，将学校、社会和家庭都囊括进来，完成宏观部署工作；第二，在高校进行改革试点工作，打造健全的“十大育人体系”，落实协同育人体系建设；第三，从院系层面入手对育人元素进行挖掘，寻找育人逻辑，建立科学的院系育人体系，开展微观管理工作。当年 10 月，全国五个省区、十所大学、五十个二级院系正式开启了“三全育人”改革试点工作。在这项工作启动的同时，教育部立即进行了第二批试点的部署，想要参与的省市高校可以自行报名，[①]通过这样的安排，育人工作开始在全国范围的高校中展开。从本质上讲，要想打造一体化育人模式，最根本的方式就是实现主渠道

① 教育部．高等学校课程思政建设指导纲要［EB/OL］．［2020-06-01］．

和主阵地的有机融合，在“三全育人”的基础上进行试点，突出协同育人在各大高校中的教育意义，当与之相关的基地建设工作同步展开时，高校协同育人工作的发展也将会更加顺利。

高校思想政治教育协同育人工作不断向前发展中，随着党中央及各大高校不断提高重视程度，使得协同育人实效性得以很好地显现。协同育人实效性是建立以在人才培养目标以及教育要求目标为中心基础上的，借助思想政治教育与协同学理念的融合，达到各种育人要素协同发展，确保能够实现既定教育发展目标。

第一，多元主体初步形成协同意识，有效激发育人主体的社会性及主体性理念，提升了人们的思想道德素养。通过对比分析高校大学生理想信念情况，从中我们能够得到理念信念呈现上升状态的学生群体超过八成。主要体现在：学生思维观念更为科学积极，开始关注社会热点问题；大学生集体理念显著提升，当个人利益与集体利益发生冲突时，能够将集体利益放在首要位置；大学生能够以更为积极的心态来对待生活，追求实用主义；大学生不断增强自我意识，具有活跃的思维，提升自我教育能力水平。在社会主义现代化发展进程中，大学生理想信念水平进一步提升，他们为了能够实现中华民族伟大复兴而不断努力。

第二，课程中德育资源得到充分挖掘。高校要加强对大学生理想信念教育工作的培养，注重做好高校思想政治理论课教学。其中，从课程考核方式上，高校应该坚持多元化考核思路，将网课、笔试、实践等不同方式统一结合起来。多元考核模式有助于提高学生的学习积极性。同时，针对开展理想信念内容思政选修课，大学生群体非常青睐于这一点，有助于进一步增强学生的理想信念水平。

第三，净化平台环境。这些年发展中，出现了越来越多的与理想信念教育有关的网络端口，比如我们熟知的“学习强国”平台等。同时，学生也能够综合借助贴吧、APP 等各种方式进行理论学习，增强自己的理想信念。所以说，高校思想政治教育协同育人实效性得以凸显，有助于进一步做好新时代专业合格人才的培养，助力社会主义现代化建设发展。

5.1.4 育人成果涌现：高校思想政治教育协同耦合

大学生思想政治教育工作包含的内容非常丰富，比如理论教育、心理健康教育等都包含在内。所以，高校要想实现主渠道和主阵地的有机融合，就要实现各种教育内容的同步发展。只有这样，教育工作的针对性才会更强。

1. 理论教学与党建工作的协同

现阶段，高校在党建工作协同思想教育方面主要采取以下三种措施。

第一，高校推动学生业余党校和理论教学融合在一起。高校可以在党建工作中邀请思想政治课老师进行授课，让广大党员感受到思想政治课的魅力，让他们更加明确自身的职责所在，坚定对党的信任，以更大的热情投入到党的建设工作当中。在思想政治课的教学过程中，也可以穿插介绍党建工作取得的新进展，让大学生了解到中国共产党具体工作的开展情况以及取得的最新进展，增强其爱国情怀。在这个方面西北政法大学就做出了很好的表率。该校让思政课教师进入党课之中，通过微课、慕课的方式为大学生讲述思想政治理论知识，取得了很好的教学效果。[①] 从 2004 年开始，南开大学就在公共选修课当中增加了本科生党课的内容，学分值为 2 分，大学生可以按照自己的需求进行选修，[②] 这样的设定拉近了学生和党课之间的距离，党课的覆盖面也因此而得到了拓展。

第二，在入党考核中增加理论教学的相关内容。其实高校开展思想政治课在根本目标上是和党建工作保持一致的，那就是让大学生接受好的理论教育，进而树立正确的“三观”，提升他们的道德水准和素养水平，让他们成长成为德智体美劳全面发展的合格人才。所以高校尝试对入党流程进行拓

① 陕西省教育厅．西北政法大学坚持改革创新抓好开好讲好思想政治理论课［EB/OL］．［2020-05-28］．

② 南开大学探索党员发展新思路确保党员发展质量［EB/OL］．［2008-07-11］．

展，把有关思想政治考核的内容增加进去，有些高校将其列入入党的必备考核条款，这样的安排可以很好地打消学生入党功利化的念头，提升他们思想理论水平，防止有人在这个问题上滥竽充数。江西师范大学就做了这样的尝试，在入党考核标准中增加了思政课考核这项内容，保证学生的思想意识同步达到入党的标准。①

第三，将组织生活会和理论教学工作统一起来。可以让党务工作者利用组织生活会的机会向学生讲述思想政治课的相关理论知识，可以邀请先进工作者分享自己的心路历程，思政课教师再从旁加以指点，学生的思想领悟就会更近一层，对理想信念的理解也会加深。

2. 理论教学与创新创业教育的协同

在大学生日常思想政治教育中有一项重要内容，那就是进行创新创业教育。高校要想将这项工作做好，前提就是教师要具备扎实的理论知识。如果这方面存在不足，那么教师就无法为学生构建知识体系，学生的能力得不到有效提升，技能也无法更上一层楼。所以，高校通常会积极推动创新创业教育和理论教学的有机融合，让学生在增加理论知识储备的同时提升自己的实践能力。广西师范大学早在 2016 年就开始了这方面的尝试，该校在学分管理中增加了创新创业管理的内容，并针对学生进行专门的理论授课，具体的课程分为必修课和选修课两种，从实际的教学成果来看，两年来选择这类课程的学生超过了 8000 人，另外学生做出的商业计划书高达 5000 份。② 在实际上课的过程中，学校邀请了具有专业经验的教师为学生进行讲解，其中思政课教师也包含在内，他们在授课的过程中穿插了很多创新创业知识，既能切实提升学生的实际水平，也能帮助他们更好地自我成长。

上海第二工业大学高等职业技术（国际）学院就曾经以创新创业论坛的方式为学生上了一堂别开生面的思政课，很多在社会上取得了突出成绩的校

① 江西省教育厅 . 江西师范大学创新推进大学生党建工作［EB/OL］.

② 双创教育：如设计师思考，如创业者行动［N］. 中国教育报，2018-02-05（03）.

友被邀请回到学校，将他们的创业经验分享给广大毕业生们。[①] 将校友邀请回学校给学生上思政课的方式非常新颖，而且效果很好，从自己学校走出来的榜样会让学生印象更为深刻，通过这种学习方式，学生的就业意识空前提高，他们对自己的未来也会更有信心。现阶段，很多高校都成立了属于自己的创业中心，毕业生可以以低廉的价格进行租赁，当作自己的创业地点，学校也会为毕业生们提供专业的创业指导以及心理健康咨询，学校的老师也会随时为毕业生们提供建设性意见。学校会每年举办创新创业大赛，很多大学生都会在这类大赛中一显身手。这是一种很好的理论联系实践的教育方式，学生不仅学到了充足的理论知识，他们的社会活动能力也会因此而增强，而且会更有自信去迎接属于自己的未来。

3. 理论教学与心理健康教育的协同

个体的思想活动和心理活动之间存在着辩证统一的关系，个体的心理状态会对其思想观念的形成产生极大的影响和作用。如果个体有着积极向上的思想观念，那么他的心理健康程度也会更高。高校开展思想政治教育工作，需要同时对学生的心理活动和思想活动进行把握，掌握两者之间的关系，积极提升教学质量。两者的协同与发展主要涉及两个方面。

第一，高校要将思想政治教育课程平台的作用充分发挥出来，对当前的人文社科教学内容进行充实，帮助大学生更加全面地成长；

第二，积极打造健全的思政课平台，将心理健康教育的内容融合进来，在上课过程中，老师在将价值观教育的内容传授给学生的同时，也要帮助学生进行心理建设，保证学生有一个健康的心理，可以积极对待压力和困难，以积极的态度来解决问题。西南石油大学就进行了这方面的尝试，在学校内执行了“大学生心理素质提升计划”，通过教育改革的方式在校园内部开展心理健康教育，通过微信、网络平台等方式为学生进行心理辅导，还组织了各种各样和心理健康相关的情景剧、主题沙龙等，帮助学生解决各种心理问

① 二工大最后一堂思政课，听校友讲“初心·匠心”［EB/OL］.［2018-05-24］.

题，增加学生之间的互动和交流，在学校内推广心理建设工作。[①]吉林省的很多所高校都成立了负责大学生心理健康工作的办公室，对进行过心理咨询的学生建立专门的档案，将课堂教育和日常咨询有机联系起来，对学生提供全方位的心理咨询服务。[②]

心理健康教育在大学生开展思想政治教育过程中所起到的作用举足轻重，可以说，日常思想政治教育的很多内容都和心理健康教育息息相关，如果将这个工作做好，那么学生就会在不知不觉中受到引导。而且，教师可以将心理健康知识搬上课堂，和理论教育巧妙地融合在一起，这样的教育方式可以帮助学生得到正确认识，防止出现心理不健康等情况。

5.2　高校思想政治教育多元主体协同育人工作存在问题

从宏观上看，高校思想政治教育具有很强的系统性，所以高校师生需要充分发挥协同作用，加强合作、优势互补，通过自我组织提升教育水平。不过，因为受到各种传统因素的影响，我国思想政治教育工作的缺点也比较明显：一是专业分工太过清晰；二是科层组织相对僵化；三是各部门职责明确，却不重视整体工作推进；四是育人主体只关注自己的工作，没有协同配合意识，也不能积极有效地配合集体工作。这就使得教育主体长期以来一直各自为政，所以思想政治教育质量也就很难得到提升。

5.2.1　协同育人认识存在误区

随着时代的发展，现代教育工作将更多的关注点放在调整教育理念上。

① 西南石油大学多举措推进大学生日常思想政治教育［EB/OL］.［2015-09-09］.

② 全哲洙.积极探索“全方位育人”的大学生思想政治教育新路子［J］.求是，2005（16）：55-57.

从最近几年的发展来看，在明确了“立德树人”目标之后，教育部门开始对其重要性有所认识，不过同样需要注意的是，现实教育工作中依然存在很多有关协同育人的误区，需要及时加以更正。

1. 认为育人是“一家之事”

协同育人工作非常庞杂，其中涉及很多需要整合与配置的资源与力量。虽然在这个过程中，高校的主导作用不容忽视，不过仅仅依靠高校也是无法完成的，同时需要重视家庭和社会在其中的作用。以此类推，大学生思想政治教育的具体执行者主要是思政课教师和辅导员，但是高校的其他部门和岗位也一样要承担育人责任。现阶段，来自理念方面的认知误区主要涉及三个方面。

第一，认为学校需要承担教育育人的全部责任。因为协同育人的实施场所是在大学之中，而教师需要为学生传道解惑，所以不管是家长还是学生都想当然地认为，高校就是这项工作的唯一责任主体，家长只要把学生教给学校就行了。来自学生处的一位教师提到：“如果学生存在某些心理问题，其实和他们的原生家庭脱不了关系。如果家庭出现变故，那么孩子的言行必然会受到影响，可是遗憾的是，大部分家长意识不到这个问题。当孩子进入大学之后，他们就自然而然地认为今后教育孩子就是学校的责任，自己只要负责给学费和生活费就可以了。如果孩子出现问题，他们就会向学校问责。”

第二，开展协同教育主要由思想政治工作部门来负主要责任。有位曾经担任过辅导员的老师提到：“我现在就职于技术岗位，主要是检测学校各个实验室的样本，所以基本上不和学生打交道，也很少参与到协同育人工作当中。其实高校的后勤部门和行政岗基本也比较漠视这项工作。不过我知道，立德树人是一个全校都要广泛参与的工作，不能仅仅依靠思政课老师或是辅导员”。不管是哪个岗位，育人工作都不能放松，只有各方面教育力量携起手来，才能在学校内打造全方位的育人格局。

第三，开展思政工作的主体集中在思政课教师和辅导员身上。现阶段的高校中，全员育人已经成为普遍的认知，不过虽然如此，有些老师还是认为这件事和自己关系不大。他们认为自己在协同育人中可以说是可有可无，只要思政课老师和辅导员做好工作就可以了。有位学生说：“有关我们思想方面的问题，只有思政课老师和辅导员会进行教育，另外导师也会过问一二。”需要认识到的是，大学生思想政治教育工作是一个综合型工作，需要全部的教育力量都参与进来，只有教师提升认知，改变以往的教育理念，才能在学校内部打造良好的教育格局，家庭和社会的教育作用也才能顺利发挥出来。总体而言，需要实现家庭和学校的有机融合，积极配置教育资源，实现思想政治教育队伍和其他教育力量的通力合作，对校园实行全面覆盖，才能有效克服思想政治教育工作的局限性，达到理想的教育效果。

2. 将协同等同于工作“做加法”

有关思想政治教育的协同育人，其实和专业教育之间有着本质的区别，如果能够将主渠道和主阵地累加起来，那么两者所发挥的能量要比单一渠道大很多。这里提到的“累加”更多的是一种创新与发展，属于理念上的革新与升华。现阶段，有些高校为了提升工作业绩，把协同育人当成一个什么都能装进去的“筐”，工作方法一大堆，但是整个协同育人工作却搞得似是而非。学校这种做法没有抓住协同育人的本质，只是将更多的精力消耗在细枝末节上。虽然提升了协同成本，但是工作效率却极为低下，形式大于内容。在这次访谈中有一个问题：“您认为哪些因素会对协同育人工作产生主要影响？”在回答这个问题时，有些辅导员也将心中的疑惑表达出来：“作为辅导员，我们负责的行政性事务非常多，比如处理党团关系、搞文体活动、提供就业辅导等，这些工作其实也涉及协同的部分内容，假如协同的存在不能减轻我们的负担，而是增加了我们的工作量，那我们怎么会支持呢？”所以我们需要了解到，协同固然需要将很多工作叠加在一起，不过实现主渠道和主阵地的融合和统一则不是做加法那么简单，这是一个互为补充、相互支持、资源优化配置的过程。

当前新的历史时期，协同育人要以科学理念为指引，切实做到全方位覆盖，帮助学生提升综合素质，既提升学生的专业能力，又能更好地兼顾到他们的实际诉求。实现主渠道和主阵地的相互融合，体现的是理论联系实践的教学原理，也能够借此积极提升教学质量。学校以创新的方法和理念积极解决协同育人过程中存在的各种问题。首先，高校该做加法的时候做加法，该做减法的时候做减法；消除合作瓶颈，提升合作效率；减少不必要的内耗，增加优势互补；减少教学的单一性和形式化，增强教师的育人责任。其次，高校要实现“加法”到“乘法”的转变。把主渠道和主阵地联系在一起，是强势互补的重要形式，可以达到共赢的效果，具体到大学教育中，可以让教育的目的性更强，能够将各种教育资源都集中起来，充分发挥出教育资源的优势与合力，这样协同育人就能够呈现出比“加法”更加明显的“乘法”效果。

3. 把协同育人当作免责的“安全区”

有些高校教师在对待思想政治教育工作时也认识不清，甚至是走入误区。在他们看来，这项工作并没有严格的制度进行束缚，自己将规定好的任务完成就行。至于在履行协同育人义务的问题上，这既不是自己的职责，也不属于自己的业绩范围，所以做不做都无所谓。其实在很多高校中，教师对育人工作比较轻视，而是将更多的精力放在教书上，这种“懒政”现象在大学中并不少见。对很多教师来说，他们认为思想政治教育工作本来就是思政课老师的工作职责，其他老师和这件事并没有关系。

学科教学在育人方面也是非常重要的渠道，学科考试并不能只关注教书，而忽视了育人工作。有位专业的思政课老教师在接受采访时说过：“虽然学校现在对课程思政比较重视，不过有些专业课老师其实并不以为然，他们觉得思政课并不是他们的教学任务，又挤占了原本就不充裕的专业课时间，学生的压力也会因此而增大，对完成教学任务来说是一种时间上的浪费。”之所以会出现这种认知，主要是因为这些老师没有从根本上认识到课程思政的重要性，也没有理解协同育人的深刻内涵。在日常生活中，教师会认为“问题学生”是辅导员需要来面对和负责的，所以他们对学生产生的不良情绪和不当举动置之不理，就算有时候学生主动找到老师，老师也是将其推给辅导员。一位负责学生工作的副书记在访谈中提到：“如果在考试中出现了作弊的学生，那么后续的工作就由辅导员来完成，任课老师通常都不会参与处理过程，顶多是将当时的情况反映一下。”

育人是一项综合性工作，不仅是辅导员，每个任课老师都负有不可推卸的责任。如果任课老师弱化了自身的责任，那么思想政治教育协同育人工作的推进就会更加困难，育人效果也难以保证。正是因为育人责任不够明确，所以学生出现问题也得不到妥善的处理，可能原本很简单的问题会演变得极为复杂，最终受伤的就是学生。我们都承认，教书不易，育人更难。不过教师在做好教书工作之余，还是应该在育人工作中发挥自己的作用。只有每个老师都认识到这份责任，实现教书与育人的相互融合，学校的协同育人政策才能落到实处，立德树人的目标才能顺利达成。

5.2.2　顶层设计层面整体性构思不足

所谓顶层设计通常情况下都是立足全局，对工程中所涉及的各个环节以及多重元素进行通盘考虑，最终高屋建瓴地制定出行之有效的解决方案，这也能为后续开展思想政治教育协同育人工作打下牢固的基础。“‘十大’育人体系涵盖了高校课内与课外、教学与科研、理论与实践、管理与服务、线上与线下等涉及学生成长与生活的方方面面”[①]，高校需要从学生的实际情况出发，重视顶层设计工作，以推动学生全面发展为宏旨和目标，在全校范围内打造完善的思想政治教育机制，在真正意义上让思想政治教育的作用发挥出来，让其产生实效。

从实际情况来看，我国高校的育人主体其思想意识水平并不高，不能满足当下教育工作的实际需要。比如，学工部、宣传部和马克思主义学院属于平级，各有自己的工作职责，不存在谁领导谁的问题，所以在开展活动时，相互之间不能密切配合，顶层设计不够健全，整体思维也比较缺乏。如果

① 张正光．构建高校思想政治工作“十大”育人体系的有效路径［J］．高校辅导员学刊，2018，10（04）：1-4+9.

在分析的过程中引入系统产生协同效益的理论就可以发现，增加教育主体之间的互动性和配合性，推进思想政治教育工作也就会更加顺利。不过因为存在边界约束，所以不管是系统内部还是外部各个要素之间都会存在相互的关系，也会因此而产生不同的影响。

现阶段，我国高校大学生可以通过多种渠道接受思想政治教育，正是因为接受方式多样化，他们的思维选择也比之前有着千差万别。这就更要求加强教育主体之间的协同性，加强各部门之间的配合，形成教育合力，才能更好地教书育人。不过，我国高校在开展思想政治教育方面主要从两个方面着手：一是以思政课为主的课堂教学；二是日常课外辅导，两者之间没有紧密的联系与配合。思政课老师多是按照传统方式进行备课与考试，他们只是按部就班地做好自己的工作，并没有想过需要和辅导员相互配合。然而，很多高校辅导员的事务性工作也是非常杂的，再加上他们在教学方面没有专业基础，所以进行日常辅导的动力和意愿都不强。

高校教育体系中，并没有针对协同育人机制进行宏观性设计。高校领导应该积极转变思维，认真思考如何实现协同育人和思想政治教育工作的有机结合，让各方面的资源可以实现优化配置，实现要素之间的协同配合，真正意义上实现时时、处处、人人育人，稳步提升思想政治教育质量。在各大高校中，每个部门在思想政治教育工作中都有自己的职责和任务，所以大家都把更多的精力放在自己的工作当中，很难实现部门和岗位之间的相互配合，也不能形成相互融合的统一整体。

从调研中可以发现，很多高校虽然可以响应国家协同育人的教育理念，也希望将其落实到实际工作当中，不过真正要开展工作时却止步不前。还有些高校真正建立了思想政治教育机制，党委领导对此予以了较高的重视，也积极引导老师参与到这项工作当中，不过因为没有将工作切实落到实处，整个机制没有相应的资源进行支撑，连完善的制度也没有制定出来，最终的效果可想而知。所以，如果想将上述问题彻底解决掉，就需要充分发挥高校领导的指导作用，坚定不移地把握思想政治教育方向，立足学生的全面发展，实现思想政治教育机制中多项要素的协同配合，逐步健全和完善顶层设计。

5.2.3　协同育人资源整合机制惯性强

笔者对有关高校协同育人机制的实践进行了相应的了解，从中可以发现，在很多高校当中，处于协同育人机制之内的教育主体，比如教师、辅导员、班主任等，不能有效地和学工部、宣传部等共同完成教育资源整合，导致很多教育资源都得不到充分利用，所以当前的协同育人体系层级较低，作用发挥得也是微乎其微。教育主体将更多的精力放在自己的本职工作上，他们并没有想过要去和其他部门与岗位进行配合，也没有意识到自己处于一个思想政治教育共同体当中，所以也没有相应的使命感和责任心。比如在有些高校中，领导委任了辅导员负责思想政治教育工作，而辅导员本身就有自己的工作，因为兼顾不过来，所以他们在思想政治教育方面就比较敷衍，所以这项工作的开展也就无法取得实效。

平心而论，高校不管是内部还是外部都蕴藏着极为丰富的思想政治教育资源，不过这些资源的利用率很低，发挥不出应有的作用，即便是能够得到应用，也是各自为政，系统整合性严重不足。所以，协同育人机制起不到很多积极作用。再有，我们当前所处的时代价值较为多元，每个人都有很多个目标，他们想要实现的职业前景也各不相同。现阶段，高校教师所面临的压力非常多，他们需要按时完成科研任务，需要解决自己的生活问题，还要负责针对学生开展思想政治教育工作。对高校教师来说，他们需要具有育德自觉的意识，是高校思想政治教育的主体，有义务负责落实“十大”育人体系的内容。在社会发展的背景下，学生的思想工作并不容易做，以往的显性政治规范在思想政治教育工作中的作用不再明显，教师应该将教育的重点放在隐性价值引导上。总体而言，育人主体在思想政治教育工作中责任重大，因此实现育德自觉尤为重要。

5.2.4 协同育人制度保障碎片化

现阶段，很多高校在思想政治教育方面并没有建立起完善的协同机制。教育信息不够完备，同时也无法实现资源共享，各项资源整合的力度不强，育人优势难以发挥。很多高校的教务部门和学工部门相互独立，各项信息不能互通，所以辅导员要想及时掌握学生的学业情况就不那么容易，如果出现了学业预警，教师可能会通知辅导员来处理这个问题，让辅导员对学生进行心理辅导。在调研中可以得知，协同育人机制在外部保障方面的缺失主要体现在以下两点。

1. 经费投入有限

我国其实为高校开展思想政治教育工作设置了专门的经费，不过这部分经费并没有覆盖到所有的学校，比如西部高校或是一些普通高校，他们能够获得的经费其实比学科教学经费要低很多。再有，这些经费也不能专款专用，还要从中抽取一部分当成奖学金或是给教师发放奖金。在这样的情况下，可以用到思想政治教育工作方面的资金更是捉襟见肘。

2. 制度不够完善

高校在思想政治教育方面并没有制定完备的计划，相关制度也不够健全。很多高校在这个方面只是敷衍了事，形式大过内容，针对这样的情况，就需要认真推敲制度本身的合理性与可操作性。另外还有部分高校所制定的规章制度不符合现实情况，所以无法真正意义上指导实践。制定者不能准确地预估情况，所以最终制定出来的条款不能对现实情况进行指导，甚至还会扰乱原来有序的工作秩序，可谓适得其反。

高校和其他社会组织不同，在思想政治教育方面存在多个主体，而且不同主体间存在不小的差异，独立性也很强。不过需要注意的是，不同主体之间也需要相互配合与协调。总体而言，就是要在高校内部打造共生共荣的发展体系，让教育主体之间可以同向同行、目标一致。

第一，育人主体要端正思想认知，以共同体理念指导工作开展。从社会关系理论角度来说，个体存在于各种社会关系当中，个体价值的实现也依托于各种社会网络和关系。在个体实现意义之前，共同体的意义先行实现，这个顺序不能颠倒。所以，高校教育主体在坚持自身的独立性之前，需要认识到自己和他人共同构成了一个整体，自己在高校教育中需要发挥积极作用。

第二，教育主体之间的边界同时具有模糊性和灵活性两个特点。在各大高校里，教育主体之间的关系可以概括为“自主—依赖”，这种关系在师生之间尤为明显。所以，主体需要对自身有清醒的定位和认知，把握自身所具有的双重角色：在教育过程中，教师是教育工作的实施者，而学生则是接受者；在日常管理中，负责管理的领导是管理主动者，而教师和辅导员则在这个时候就处于被动的地位。从这个角度来说，教师和辅导员之间的关系界限可以说是既模糊又灵活，所以在日常开展教育工作时，他们要相互配合，协同育人。

第三，协同价值的实现是一个动态的过程。高校开展思想政治教育工作主要是为了更好地立德树人，要实现这一目标，就要对学生的实际情况有清楚的了解，同时掌握学生思想变化的动态过程。在开展教育的过程中，学校要不断实现资源整合，对其中存在的矛盾进行积极协调。这是当前育人主体多元化的一种体现，也是对传统教育体制的一种突破与创新，体现了同心同向的价值理念，是一个对共同体概念进行丰富与完善的系统过程。

5.3　协同育人机制的界定性框架分析

协同涉及各种资源的配置与整合，共同发挥出更大的效果。存在于协同机制中的各个主体需要相互配合，通力合作。需要注意的是，他们的利益其实并不一致，所以他们进入到协同机制中的态度和意愿也各不相同，有些主体的主动性更强，通过达成的协商而完成协同，有些主体则完全是出于被动，因为制度的约束而不得不为之。假如我们在对待协同体系时生硬地将其视为一个多元化的协同领域，那么其中存在的矛盾就会更加多样。在这样的情况下，可以更多地关注协同主体间的核心变量，关注各个主体的自身利益，在此基础上构建起来的协同体系才更加科学合理。

第一步需要确认的是目标。任何协同都离不开目标，如果目标不一致，那么想要达成协同可谓困难重重。在协同育人方面，高校首先需要遵循的就是目标同一性原则，不过在现实操作中，想要让每个主体都目标一致并非易事，不过在这样的情况下，即便存在目标冲突，也有达成协同的可能性。譬如，某高校要开展志愿服务，辅导员希望通过这样的活动引导学生更多地贴近社会，为社会贡献自己的力量。不过很多学生的想法则不同，他们希望通过这样的活动获得更多的学分。在辅导员和学生之间就会存在目标不一致的情况，不过这种不一致并不会对工作的开展产生影响。第二步要明确的是利益。这里提到的利益可以分为两种：一是利益耦合，主要是指协同主体在利益方面有着明显的依赖性，其中的一方如果想要达成目标就要有其他方的资源进行支撑；二是利益冲突，也就是说主体间相互独立，想要自愿形成协同并不可能，那么就需要有强制力加以约束，或者让双方意识到协同对自身利益实现的积极作用。目标和利益是两个变量，在实施过程中主要通过以下几种形式进行体现。

1. 科层制协同

协同可以产生，不过主体的目标和利益各不相同。这种情况多出现在自上而下的安排上，比如同样是开展社会主义核心价值观教育工作，不同的部门组织，其教育的侧重点也就不尽相同。各个部门都有自己的工作重点，考核任务也差别很大，从这个角度来说，在这样的协同中，他们不管是目标还是利益都无法保持一致。所以可能就会传出不合作的声音，毕竟这种意义上的合作没有“利益”可言，不仅不能给自己部门更多的分数，而且还要投入大量的人力物力。科层制协同将重点放在分工上，而不是不分情况地强调合作，高校的上级部门要做好协调工作，为推动主体协同打下较好的基础。

2. 沟通性协同

协同主体有着统一的目标，不过利益之间不会相互依赖，这是一种暂时性的协同关系，没有制度加以约束。这种协同方式多是应对学生中出现的突发事件，可能威胁到学生的生命财产安全，也对高校的声誉产生重大影响等。如果这种类型的事件发生，那么高校就要组成临时组织，所有人都要参与其中，对学校的声誉进行维护，保证事件能够合理有效地得以处置。比如 2015 年，一所高校“外语＋ X”专业的学生出现电子学籍注册事件，那么高校就要在第一时间内做出反应，校领导成立了应急工作小组，包括教师、辅导员在内的很多人都在其中担任了相应的工作，要对现场进行合理处置，要控制舆情发酵，同时争取法律援助。通常情况下，在第一时间圆满解决之后，协同小组也会同步解散。在这种协同当中，参与主体并没有共同利益可言，而且，很多时候会产生利益冲突。因此，这种协同只能是临时性的，为了实现一个特定目标而努力，协同主体之间互相配合，保证协同目标的顺利实现。

3. 约束性协同

协同主体之间存在了目标上的差异，不过为了保证多方利益的实现，主体也会参与到协同组织当中。而且，出于利益最大化的考虑，协同主体中会出现一个监管者。通常情况下，这种协同会更多地出现在公共服务领域，比如买卖和交换，买卖双方参与其中，他们当然有着各自的目标，不过正是因为协同，他们各自的利益才能得以实现。比如民营化公司伙伴关系，置身其中的政府和企业各有自己的目的，政府的出发点是为了尽可能多地实现公共利益，而企业则是以追逐利益为根本目标。从这个角度来说，政府和企业之间在目标上存在着明显的冲突。在这个协同关系中，政府以监管者的角色出现，这就决定了企业不可能损害到公共利益。同样地，这种情况也适用于高校实践育人事业。现阶段，我国高校着重进行创新创业教育，这就需要将社会资本引入到高校教育之中，不过高校育人的目标不会和社会资本保持一致。高校最终是以教书育人为目的，希望通过这种实践培养学生的创新精神与能力，而社会资本还是为了实现利益最大化。虽然从目标上看，两者各不相同，但是双方的利益却有着耦合点。在各种协同合作中，双方的利益都可能实现。

4. 战略性协同

协作双方有着共同的发展目标，且利益可以实现耦合，这种协同关系通常较为牢固，有着制度化约束，属于长期持续的合作关系。参与协作的双方能够保持目标和利益上的一致，所以更容易发挥出合作的最大作用。在高校思想政治教育工作中，要想实现战略协同就要具有全局意识，能够满足高等教育的现实需要，符合学生的实际情况，真正意义上落实立德树人，更为有效科学地开展德育工作。处于这种协同关系中的主体有着固定化的合作模式，也制定了相应的规章制度，他们可以协同努力，为了实现共同目标为做出应有的贡献。

不过在实际工作开展的过程中，存在各种不可抗拒因素，使得高校思想政治教育工作不能协调发展，之所以会出现这种情况，主要由以下原因导致。

一是协同育人机制理念并未得到普及，相应的氛围并没有真正意义上形成。在很多高校教师看来，思想政治工作并不是自己的工作，而是要由相应的理论课老师来负责，正是这种理念上的差异，使得课堂教育不能和思想政治教育有机结合起来，脱节现象较为严重，尤其服务管理人员，更应该端正对思想政治教育工作的态度，同时也要注意对各种教育资源进行系统整合与配置。然而，学生也要对思想政治教育工作进行再认识，消除掉不良情绪，只有这样，才能在校园中营造出更为融洽的教育气氛。

二是协同育人机制在制度建设方面存在不少漏洞。该机制的建立其实体现的是高校的整体布局观，所以高校在这个方面要足够重视，尽可能地调动更多的人力物力参与其中。各个部门要从自身的角度出发加强顶层设计，完善当前的教育模式，各尽其责，各司其职，最终在整个高校中形成更为强大的合力效应。不过从高校的实际情况来看，很多思想政治工作的开展其实并没有完善的制度作为后盾，相关的物质保障也尚未落实到位，所以协同育人制度的落实也就困难重重。

三是协同育人机制的各项保障措施并没有落实到位。当前的高校在开展思想政治教育工作时其实存在着各种问题，比如互相推诿、责任不清等。出现这种情况的原因主要是制度并不健全，相关的保障措施也没有真正意义上落实，所以开展思想政治教育工作也就自然而然会遇到阻力。第一，教师的职业素养和综合水平并不是很高。教师队伍有着严格的编制控制，所以学生工作者人手并不充足，辅导员每天的工作都安排很满，他们疲于应付各种事务性工作，想要再从事思想政治教育工作可以说是力有不逮，也无法对学生的思想动态进行动态的跟进。正是因为师资力量不够，所以大多数的思想政治教育工作都是以专业授课为主，教学方法比较传统，教学质量也就无法提升。第二，相关的后勤保障措施并没有落到实处。现阶段，高校在开展思想政治教育工作方面不具备相应的场所，缺乏硬件条件，所以工作开展也就不尽如人意。

5.4　高校思想政治教育协同育人机制存在问题的归因分析

高校在打造思想政治教育协同育人机制方面并不是尽善尽美的，其中存在的问题非常多样化，应该对此予以足够重视，针对存在的问题要进行深层次挖掘。唯有如此，该机制的运行才能更加完备与健全。

5.4.1　高校对协同育人及机制重要性的认识有待提高

高校要针对大学生开展思想政治教育工作，就必须和整个社会大环境紧密结合起来，因为这项工作的创新与实现与宏观环境有着密不可分的关系。从当前的实际情况来看，主渠道和主阵地之间之所以不能实现良好协同，主要就是因为受到了部分客观因素的影响，人们的价值理念不能达成一致，所以使得当前的协同理念不够科学合理。

第一，市场经济中的消极因素对高校教育产生了不良影响。在我国改革开放政策的影响下，市场经济获得了长足的发展，而经济发展也在很大程度上对政治、社会和文化产生了影响，高校也不可避免地受到了冲击。其一，在市场经济发展的过程中，人们的价值理念较之前变化很大，开始更多地关注到个人利益的得失。在高校中也不例外，不管是教师还是学生在工作和学习中都是以利益为导向，所以急功近利情况比较严重。在这样的情况下高校想要开展协同育人并不容易；其二，市场经济的多元化发展使得社会信息更加开放，在接受到更多信息之后，有些大学生的价值理念也会随之发生改变，他们中的一些人会受到拜金主义、享乐主义的影响，这其实是对纯洁大学氛围的一种污染。所以，高校如果还是按照以往的方式以“填鸭式”教育模式对学生进行教导，那么估计起不到任何作用，只有将理论与实践教育有机集合起来，协同育人才能取得成效。

第二，当前的教育评价体系中存在很多缺失。其一，价值理念出现背离。高校教育的主要目的就是培养合格的社会主义接班人，帮助学生获得知识和道德修养方面的全面提升。在这个过程中，德育应该当之无愧被放在首要位置上，不过现在的高校教育却并非如此，很多高校将更多的关注点放在提升学生知识技能上，而德育的发展则显得不那么重要，这种错误的定位其实是对教育价值目标的一种背离。其二，责任产生错位。现有的教育评价机制并没有与时俱进，具体的考核内容主要围绕教师工作量，取得的科研成果数量和学生的考试成绩为主，而教师在育人方面所做出的成绩并没有被列入到考核范围之内，即便是出现问题也不会进行惩罚。在这样的情况下，以评估促动改革的目的也就无法达成。其三，个性不足。当前的教育评价体系不够科学，针对师生的考核生硬地照搬一套标准，不懂得应该因人而异，所以教师们只能盲目跟风。其四，教学动机产生扭曲。当前高校针对教师的评价都会和之后的评职称、提拔等密切相关，而参评者都想获得更多的荣誉，为此甚至可以弄虚作假，这种评价显然无法对现实情况进行真实的反映，也能打击很多人的积极性。

第三，教育大众化趋势的育人成本空前提高。其一，随着高校扩招，学生的数量激增，原来平衡的师生比关系被打破。在现代社会，人们对教育都非常重视，家长们都希望自己的子女可以进入大学接受更好的教育。随着高校的不断扩招，学生的数量比之前提高了很多，师生数量开始不成比例。我国现在高校的师生比调整势在必行。[①]

从教师的角度来看，一个人需要对一百多个学生负责，要对很多学生的毕业论文进行指导，这需要付出更多的时间和精力。而辅导员的工作也更加辛苦，一个人需要负责多个班级的行政事务，再想要在教学管理上下功夫并不现实，忽视学生的需求也在所难免。2013 年，一位在教学一线工作的教师提到，“在没有配置助教的情况下，常态化地教授 5 个班次（10 学时）/ 学期，每周面对的学生高达 250~400 人。1 个老师一个学期教 400 个学生，既不科学，也不合理！”[②]这位教师的话引起了共鸣，说明这在高校属于普遍现象。正是因为生师比例失衡，所以高等教育的质量也无从保证。

其二，收费较低导致经费入不敷出。为了兼顾学生的受教育权利，普通高校的收费水平并没有提升，不过教学规模却在逐渐扩大，教育经费总量每年都创新高，而这些支出都需要政府和高校来买单。2019 年，我国的教育经费支出超过 50178 亿元，财政性教育经费大约有 40046 亿元，比 2018 年同比增加 8%。[③]分析这个数字不难发现，我国教育经费的 80% 是由国家财政补贴构成。在教育支出屡创新高的今天，政府和高校所承受的压力可想而知。高校需要开源节流，这就势必影响到教师的福利和项目经费，而协同育人工作的发展也会受到不小的影响。所以，高校因为各项成本支出居高不下，所以想要实现协同育人也遇到很多困难。

---

① 教育部 . 关于印发《普通高等学校基本办学条件指标（试行）》的通知［EB/OL］.［2004-02-06］.http：//old.moe.gov.cn/publicfiles/business/htmlfiles/moe/s7050/201412/xxgk_180515.html.

② 肖陆军 . 大学公共课师生比失衡教师发公开信表担忧［N］. 广州日报，2013-03-22.

③ 教育部国家统计局财政部关于 2019 年全国教育经费执行情况统计公告［EB/OL］.［2020-10-28］.

党中央非常重视健全高校的思想政治教育机制，不过需要认识到的是，我国思想政治教育工作不管是在理论研究还是实际操作过程中，都存在着这样或那样的问题，相关的投入也不充分。重点主要在以下几方面：一是关注教育过程。二是把握教育规律。三是设定教育目标。四是提出有效的教育方法。不过在实际的教学工作中，高校在思想政治教育机制的研究方面并没有投入很多精力，重视程度不高，教育主体更关注专业课的教育质量，而没有意识到打造教育机制的重要性，所以我国高校思想政治教育工作质量一直提升不起来。而且，高校管理者并没有将协同育人理念上升到理论高度，也没有用以指导思想政治教育机制建设工作的开展。

总体而言，高校人才培养并不是一蹴而就的事情，而高校思想政治教育工作也是同样的道理，所以要将协同育人理念贯穿在整个教育体系当中，实现教育资源的优化配置，让各种元素联动起来发挥良性积极作用，激发出教育主体的主观能动性，为了提升教育质量而贡献出更多的力量。在协同育人理念中，协同与合作是两个关键性要素，所以要对机制内的各项要素进行有机协调，消除冲突与矛盾，积极实现合作与共赢，打造良好的协同育人机制，保证思想政治教育工作的顺利实现。

5.4.2　高校内部及高校之间相配合的程度有待提高

高校想要开展思想政治教育工作，就需要将内部和外部的资源整合起来，针对实际情况进行完整的计划与详细部署。从当前的实际情况来看，很多高校已经实现了内部资源的整合与配合，不过只是在程度上有些不足，协同范围也不是非常广泛，在一些问题的处理上可能会脱节，正是因为协调不紧密，所以思想政治教育协同育人工作的开展范围不够广，产生的作用也不够大。学校之间的联合教育工作也曾经有过成功案例，不过只是偶尔为之，不能形成规模。之所以会出现这样的情况，主要原因有三点：一是教育理念不够先进。二是教育方法比较传统落后。三是教育机制不够科学。

1. 高校协同育人认识程度和重视程度有待加强

现阶段，很多高校因为受到传统理念的影响，各种教育观念不够先进，而教育主体更多的是照本宣科，没有对学生进行智育方面的启发与教育，没有将“德育”放在首位，在教学工作中也没有重视全员育人或者是全方位育人。教育者对思想政治教育工作不够重视，没有意识到这项工作的深远意义，所以落实在教学过程中也是蜻蜓点水。在很多专业教师看来，思想政治教育工作并不是自己的本职工作，和他们的关系不大，所以他们不会在此倾注更多的精力，在培养学生思想品德方面也就没有起到积极作用。还有些教师自己在这个方面的认识存在误差，更不能对学生进行正确引导。长此以往，育人效果可想而知。再有，高校在联合执行思想政治教育的师资培养方面几乎没有任何打算与规划。

总体而言，高校在这个方面的教育理念不够先进，学校之间也没有形成相互配合的联动机制，所以协同育人的发展进步缓慢，思想政治教育的目标迟迟无法实现。

2. 高校协同育人方式方法有待创新

现阶段，大多数高校依然采取传统方式对学生进行思想政治教育，主要的教育方式就是课堂教学。（1）教师在向学生传授书本知识时多是以讲解理论知识为主，并没有真正将理论和实践联系在一起，学生可能一时也接受不了，总体感觉就是很空洞，不具体；（2）很多学校的教师们只将精力放在自己的工作上，彼此之间交流不多，他们不愿意去旁听别人讲课，自己的课也希望别的老师不要来旁听。按照这样的趋势发展下去，老师之间无法相互学习，也就不能共同进步；（3）在具体的教学过程中，教师基本是以灌输知识为主，很少对学生进行启发与鼓励，所以学生们自我发挥的空间比较有限。而且，教师基本上都是解决思想问题，很少理论联系实践，言教居多，真正的身教屈指可数。

此外，在对新兴教学媒介的应用方面不够积极。当被问到，如何看待网络在影响大学生思想政治教育工作中的作用时，有超过 88% 的学生提到，在他们看来，网络可以在很大程度上推动思想政治教育工作的发展。因此，在进行思想政治教育协同育人机制建设时，老师最不能忽视的一个重要因素就是网络因素。正是因为网络具有开阔性和广泛性，所以教育的边界就能更容易被打破。比如各种微课堂，可以将优质教学资源共享给更多的同学们，也能为学生打开新的视角，更好地完成育人目标。之所以要进行协同育人，就是要稳步提升大学生的综合素质，所以高校在这个方面要具有前瞻性和全局观，积极调整当前的教育方法，实现教育资源的优化配置，加强高校之间的协作联动，深化教育体制改革，打造全新的教育理念，为完善协同育人机制打下坚实的基础。

3. 高校协同育人机制需要融合

现阶段，各大高校在思想政治教育协同育人方面其实没有很多的现成经验可以参照，再加上实践所得的成绩不多，所以各项功能得不到充分发挥，这也为后续的工作开展增加了阻力。之所以会出现这样的情况主要有两方面原因造成：其一，机制目标的设定缺乏科学性，也没有先进的意见加以指导。很多高校在开展思想政治教育工作时虽然大力提倡了协同育人理念，不过因为各项机制并没有同步建立起来，所以教育资源无法得到系统整合，各个要素依然处于散乱的状态，所以育人效果依然无法达到。还有一些高校已经将协同育人机制建立起来，不过相关的指标没有设定，具体有哪些工作任务，要达到何种要求都没有明确，所以教育者还是按照以往的经验和模式开展思想政治教育，所以机制基本上起不到任何作用。其二，系统内部的沟通作用得不到发挥，协作机制形同虚设。在当前的教育工作开展过程中，专业老师基本上还是各自为营，老师之间也没有就思想政治工作的开展展开有效而密切的交流。在这样的情况下，教师在协同育人方面也就没有了主动性与积极性。

4. 高校协同育人管理总体规划有待优化

要想在高校中实现协同育人，就要将各个部门的积极性都调动起来，实现教育资源的优化配置，完成各个环节的有机融合，这样才能达到协同并进的效果。不过从当前的实际情况来看，理论教学还是存在和实践教学脱节的情况，两支队伍在工作上各有自己的侧重点，而高校的总体规划也不太合理。

第一，并没有在各部门之上设立一个专门的领导机构。近年来，高校的分工逐渐走向精细化，每个部门的职责都很明确，高校辅导员和思政课老师并不处于同一个部门中。学校也没有在学工系统和思想政治教育专业之上设立一个专门的管理部门，实施统一的领导与部署。所以，在高校当中，每个部门都只将精力倾注在自己的工作之上，大家都不认为自己在协同育人方面负有主要责任。正是因为没有一个统管部门进行规划与安排，所以在协调场地、申请资金方面都会遇到很多阻力，协同育人工作的推进一直困难重重。

第二，在工作开展中会出现重复甚至是冲突。大学生思想政治教育涉及的工作内容很多，这些内容之间也存在着紧密的联系，可以说是千头万绪，环环相扣。具体到教学实践当中，思政课教学和日常的思想政治教育活动之间存在很多不必要的重复，不管是内容上还是形式上都有。比如思政教学中会谈到有关法律和道德层面的问题，这些内容在其他专业课中也会涉及，这就是课程内容重复的一种体现。具体到日常思想政治教育工作，重叠的情况就更为严重，比如学工处、团委等的工作中都有思想政治教育的内容，如果开展活动，那么就不可避免地会出现重叠。某高校学生就反映了一个类似的问题：“我记得在大二时，系里、学院和学校几乎在同一个时间段组织了多场红歌比赛，这些活动大同小异，但是又选择了不同的时间，主题也不是完全相同，所以我们必须分别按照要求去排练，在所有的活动参加完之后，大家都觉得筋疲力尽。其实负责学生工作的老师也有着类似的感觉。本来是很有意义的日常思政教育活动，现在成了学院之间提升业绩的主要方式，学生成了争夺利益的砝码，活动的教育意义荡然无存。这是比较形式化的一种教育方式，很多学生产生了抵触情绪，即便某场活动真的有意义，学生也打不起精神来，这其实是对思想政治教育工作推进的一种阻碍。”

第三，行政事务繁重，教师们精力不充足。现在在高校中需要完成的行政事务非常多，老师每天的时间都已经被安排得非常满，没有精力关注思想政治教育工作。辅导员更是如此，他们的主要工作就是管理和维稳，而且思想政治教育这项工作在平时地位并不突出，也很容易被替代。一位多年从事辅导员工作的老师说：“我们在对学生进行思想政治教育时，如何说固然重要，但是到底该怎么使用才是重中之重，如果不出事，这个工作的重要性就体现不出来。”所以辅导员在这个问题上也是进退两难，即便投入了大量的精力也得不到认可，工作热情自然提升不起来。还有一位从业 8 年供职于 211 高校的辅导员提到：“在很多人眼里，辅导员就是个大管家，要负责和学生有关的各项工作，不管学生在哪个方面出了问题，都和辅导员脱不了关系。学校的很多行政管理工作也都是由辅导员来完成，久而久之，辅导员所要承受的工作压力很大，心理负担也会日渐沉重。”参加访谈的思政课教师也提到，当前培训和讲座比之前增加了很多，经费报销流程也更加复杂，这些事务都牵扯了大量的精力。

5.4.3 高校外部育人主体间协同的动力有待激发

思想政治教育体系涉及的范围广，包含的内容也非常庞杂，其中包含了各种不同的育人因素，因素之间相互联系并发生作用，共同构成了一个多元立体的发展体系。作为高等教育中的一门课程，思想政治教育其实带有很强的社会属性。所以，在完成好固定的教学任务之外，学校还应该在外部积极拓展思想政治育人资源，如果将这些资源和因素处理好，未来就会对思想政治教育工作产生极大的推动作用。要想打造健全而完善的思想政治教育协同育人体系，只凭借校内的协同力量是远远不够的，因此就需要校外资源和主体加以补充，比如来自家庭的支持，社会网络的作用等，这些力量也能很大程度上推动思想政治教育工作的开展。不过，高校外部的育人主体通常是各自为政，在协同方面不管是内部动力还是外部动力都并不强大。

1. 家庭、社会等校外育人主体作用不言而喻

首先，从家庭教育的角度来说，家庭是学生社会化的第一个场所，父母也经常被视为对子女进行言传身教的第一个老师。孩子从呱呱坠地开始一直到进入社会，他们的时间里有 60% 以上是在家庭里度过。所以，一个家庭的气氛是否融洽、父母的受教育水平、平时的习惯爱好以及道德素养水平等都会对孩子产生很大的影响。可以说，家庭教育对于塑造孩子的思想道德水平有着极为重要的意义。

其次，关于社会教育，在高校开展思想政治教育的过程中，不可避免地会受到社会环境、经济发展水平、文化状态以及大众传媒的影响。当今社会是一个日新月异的社会，每个人都在不停地和其他人联系。其一，这些关联可以帮助大学生更好地塑造自身的思想与道德意识；其二，这些关联会对大学生的“三观”产生不可磨灭的影响。社会政治环境对大学生所产生的影响主要体现在政治观的确立上，如果社会环境十分正确，那么大学生所形成的政治观念也更为端正，在此基础上开展思想政治教育工作可谓是事半功倍；社会文化环境所产生的影响通常是间接性的，其渗透性较强，也带有明显的时代痕迹，其对大学生思想道德形成所产生的影响更加潜移默化。

再次，以报纸、电视为主的大众媒体会很大程度上对人们产生影响，可以积极改变人们的生活方式、言行习惯等。所以应该对大众传媒的作用进行合理化运用，让其对人们产生积极的影响，将正确的社会价值观传输给人们。在科技高速发展到一定程度之后，网络诞生，这就为人们提供了更多了解世界和获得认知的可能性。现在我们已经进入到网络时代，所以在高校大学生思想政治教育工作的开展过程中，也不能忽视网络教育的重要性。

到底该如何发掘网络教育的作用，实现思想政治教育和网络的有机结合，就是眼前高校需要解决的重要问题。在思想政治教育工作中充分利用网络两方面优势：第一、网络教育更加快速与高效。“在网络时代，信息以人们难以想象的速度在迅速传播，所以以网络教育的形式进行思想政治教育就不必受到时间和空间的限制，大学生可以利用一切零碎时间进行学习和接受教育。”而且，在网络教育的过程中，学生和教师可以及时互动，针对问题第一时间进行解决，这会很大程度上提升学习效率。第二，网络教育更加直观与形象。比如教师可以为学生播放视频、动画等，大学生不仅可以听，还可以看，这就比传统的授课更容易让他们产生共鸣，认同感也会倍增。

2. 高校之外的育人主体有效协同资源聚合和优化不足

来自高校之外的育人主体的协同动力其实并不强。不管是家庭、企业还是科研机构，基本不会自觉主动地承担育人的责任，在他们看来，学校和老师在这方面的责任更大。正是因为这部分育人主体在育人理念上有些偏差，所以他们开展思想政治教育工作的动力也就不会很大，也无法对高校的教育工作开展起到配合作用。高校外部育人主体不存在较强的协同动力，主要体现在建构力不足和调节力不足两个方面。

在建构力量方面，主要指的是迄今为止都没有建立起一套行之有效的可以将校外育人因素囊括其中的思想政治教育机制。从当前的实际情况来看，有关这方面的研究多是由高校的专家学者来完成，不过他们并未将校外育人因素纳入高校育人机制的研究放在重要位置，正是因为研究不足，所以校内和校外的各项因素不能密切配合，最终发挥出来的作用也并不理想。而调节性力量不足主要指的是必要的激励机制并不完善，也不能对育人主体起到积极推动作用。这里提到的激励主要包含了物质奖励和精神激励两个方面，希望可以双管齐下地对育人主体起到激励作用，所以建立行之有效的激励机制就非常有必要。在奖惩机制的运作下，也可以更好地调整育人工作的发展目标和具体形式。

要对当前的保障机制进行调整，这是高校开展思想政治教育协同育人工作的前提和基础，也能为实际工作的开展提供必要的保证，为教育主体开展工作扫清道路，更好地保证教育质量。总体而言，要实现校内和校外育人主体的联动，打造健全而完善的激励机制，推动育人主体更好地相互配合，将其主观能动性充分发挥出来，各显其能，优势互补，为开展思想政治教育工作打下坚实的基础。

3. 协同育人的相关机制和基本保障尚不成熟

提升系统协同效率的必要条件就是保证机制的有序运行，具体到大学生思想政治教育工作，更是要将协同育人机制的作用充分发挥出来。不过从当前的实际发展情况来看，高校的这两支队伍并没有发挥出应有的积极性，合作平台也未搭建起来。同时，机制中存在的问题逐渐明显。

第一，高校并未建立起交流畅通的合作机制。行政部门承担着较为沉重的日常事务工作，他们已经分不出精力来育人。而思政课教师也有必须要完成教学任务，在育人方面也是力有不逮。所以在实际工作中，部门之间权责不明，在遇到问题时会互相扯皮，在他们看来，育人工作不是自己的本职工作。特别是在几个存在利益冲突和竞争的部门之间，部门领导会更多地关注本部门的利益得失，所以在合作中也会有所偏颇，只将本部门的得失放在首位。在这样的发展趋势下，大学生思想教育协同育人格局很难形成。有一位在学生处工作的老师曾提到："早些年我们组织过研究生的演讲比赛，不过几乎在同一时间，校团委的学术部也针对研究生组织过差不多的活动，其实这就是一种重复，如果能够将资源整合一下，效果可能会更好。"

第二，需要对当前的评估与考核机制进行健全与完善。其实现阶段针对教师展开的考核工作主要还是侧重内容，比如教师取得了多少科研成果，教学质量如何等，在协同育人方面基本上没有设定明确的标准。参与考核的指标主要有教师的课时量、学生对老师的评价，以及老师自身取得的科研成果，有关协同育人的指标并未体现在考核标准当中。具体到学工系统当中，考核的重点主要放在事务性工作的完成情况上，即便是老师做了和协同育人有关的工作，也不会在考核中得到高分。正是在这种考核机制的影响下，不管是思政课教师还是高校辅导员，他们就把精力放在提升自己的考核成绩上，不会在协同育人方面倾注很大精力，在这方面的工作热情也比较低。关于这一点有位刚入职的思政课老师提到："我在进入到高校之后，学员的慕课工作就全部是由我来做，不过遗憾的是，这个工作是不会带来工资收入的，我虽然每天兢兢业业，在慕课上付出了很多的时间和精力，这本来不会体现为我的工作量。因为我们学校的领导对这方面比较重视，所以我还能多少领到一部分补助，不过像我这样幸运的老师并不多，有些学校的老师即便是干上几年，也是一无所获，只是在自己的简历上可以多增加一些工作内容而已。"

第三，现有的激励与晋升方式起不到应有的效果。要想引导和鼓励思政课教师以及高校辅导员积极参与协同育人工作，就要对他们的精神需要进行合理满足。不过从当前的具体情况来看，高校所采取的激励措施主要是以物质奖励为主，而上升到精神层面的需求基本没有得到满足。比如，如果需要辅导员去参加和协同育人有关的会议，学校会提供相应的报酬，不过在精神层面的奖励就没有了。其实在高校当中，辅导员主要从事的是行政管理工作，地位并不高，所以很多任课老师对辅导员都比较轻视，不少学生也是以同样的态度来对待辅导员，所以辅导员在日常工作中会遇到很多难题。而且，辅导员在晋升方面也比普通教师慢。正是因为长期处于这样的环境里，辅导员对协同育人这项工作没有足够的热情。曾经有位辅导员就直言不讳："很多人其实就是将辅导员这个岗位当成跳板，在有了更好的出路之后，就不会继续从事辅导员工作，也基本没有人会一直干下去。"

第6章　高校思想政治教育协同育人机制的类型化分析

2016年12月，习近平总书记在全国高校思想政治工作会议上强调指出："要坚持把立德树人作为中心环节，把思想政治工作贯穿教育教学全过程，实现全程育人、全方位育人，努力开创我国高等教育事业发展新局面。"①

6.1　思政课与其他课程协同育人机制的构建

习近平总书记还指出，"要用好课堂教学这个主渠道，思想政治理论课要坚持在改进中加强，提升思想政治教育亲和力和针对性，满足学生成长发展需求和期待，其他各门课都要守好一段渠、种好责任田，使各类课程与思想政治理论课同向同行，形成协同效应"。其实在很长一段时间里，高校并没有协调好思想政治教育课程与其他课程之间的关系，在很多时候，这些课程之间还存在着矛盾，具体体现在如下几方面。

---

① 习近平在全国高校思想政治工作会议上强调：把思想政治工作贯穿教育教学全过程 开创我国高等教育发展新局面［N］. 人民日报，2016-12-09.

6.1.1 各类课程与思想政治课协同育人体现教育的应有内涵

1. 价值引领与专业教育的融合实现课程育人功能

2017 年 2 月，教育部颁布了《关于加强和改进新形势下高校思想政治工作的意见》，在这份意见中突出了思想政治教育工作的价值和作用，指出在新的历史条件下，将积极发挥课程教学的作用，打造坚实的思想文化阵地，全力搞好思想政治教育工作。2017 年 12 月，我国颁布了《高校思想政治工作质量提升工程实施纲要》，该文件明确强调了提升高校思想政治教育工作质量的重要性，指出在现阶段应该健全育人体系，加强思想政治教育改革力度，将专业课程中所蕴藏的思想政治教育元素充分挖掘出来，在实际授课过程中，这些要素也应该成为教师授课的重要知识点。①

2019 年 8 月，《关于深化新时代学校思想政治理论课改革创新的若干意见》正式颁布，该文件提到，教育的根本目的就是“立德树人”，所以教师需要对教育过程中的德育资源进行挖掘和提炼，并将其和专业课程融合在一起，这样，教师可以在上课的过程中同步开始对学生的价值理念引导，在课堂上打造一个较为完善的协同育人环境，帮助学生在提升专业知识和技能的基础上，同步提升价值理念和思想水平，让其成长为全面发展的综合型人才。②2020 年 6 月，教育部颁布的《高等学校课程思政建设指导纲要》强调了高校培养人才能力的内容，指出课程思政需要做好部署工作，打造健全的工作体系，要求教师对教学内容进行梳理，根据实际情况融入课程思政元素，以潜移默化的方式对学生进行教导。在育人方面，只讲授专业知识其实并不完整。

关于这一点爱因斯坦也有过阐释，人们都认为科学是非常伟大的，不过科学告诉人们不外乎是“世界是什么”，在人们搞懂了这个问题之后，接下

① 教育部党组·高校思想政治工作质量提升工程实施纲要［Z］. 教党〔2017〕62 号.

② 中央办公厅、国务院办公厅·关于深化新时代学校思想政治理论课改革创新的若干意见［EB/OL］. 新华社，［2019-08-14］.

来更重要的问题就是“到底该如何去做”。这就上升到了价值观的层面，如果有理想信念进行指引，那么回答起来就更加容易。学生掌握各种科学文化知识，其实最终就是要为人类发展和社会进步做出贡献。学生在踏上社会之后，不仅要成为专业领域的佼佼者，而且要成为一个具有和谐性、能够和周边社会、他人，甚至是自己和睦相处的人；可以将自己的专长发挥出来，为社会主义建设贡献自己的力量。高校在人才培养方面不只有传授知识这一项任务，还要帮助学生做好价值引领工作。具体到课程思政工作上，第一，这项战略举措的根本目标就是完成立德树人；第二，这也是一项必须要完成的教育任务，要对学生进行全面培养；第三，作为一种教育方法，课程思政可以实现专业课程和思想教育的有机融合，在高校内打造全范围的育人格局。

2. 课程的二重功能实现教育的二维目标

“课程思政”并非横空出世的新鲜词汇，而是教育内涵的一种体现。其实在高校教育当中，每门功课在传授知识的同时都兼具对学生进行思想政治教育的功能，需要帮助学生端正思想意识，树立正确的“三观”。教育的本质含义有两个：一是教书，二是育人。所以高校的所有课程，其规定性都包含两部分内容：一是课程知识，即为学生传授专业知识；二是课程思政，也就是对学生进行价值观念的引导。这是一种知识与价值的融合，是所有课程都应该具备的两个功能，教书与育人可以实现完美融合也正是基于这个原则。

课程知识的侧重点放在“教书”上，而课程思政的侧重点则不同，它是以“育人”为主要目标。两者之间存在着互为补充的关系。第一，两者有着千丝万缕的联系，不管是在时间还是空间上都能够保持密不可分的联系，尤其是在教学过程中，两者都是相伴相生；第二，两者之间也存在着相对独立性，他们各自有着不同的功能，兼具的属性也各有特点。“课程知识”的侧重点主要放在对知识体系进行构建和讲解上，这是对课程自然属性的一种体现，而“课程思政”则不同，其情感色彩更加浓郁，主要是对学生进行价值观念的塑造和引导，更偏重于社会属性。教育是关系到国计民生的重大事宜，正是因为有了教育，才能为国家培养各种各样的专业人才。在新的历史时期尤其如此，只有重视教育，在进行知识传授的同时不忽视对学生的价值引导，才能帮助学生树立正确的价值理念，让他们健康成长，在进入社会之后才能做出更大的贡献。

6.1.2 “课程思政”与“思政课程”的异同与协同分析

1.“课程思政”与“思政课程”协同育人的异同

思政课程与课程思政的根本目的都是培养学生的“三观”，让他们从大学时代就形成正确的价值理念和精神信仰。在协同育人这个问题上，每门功课所发挥的作用都和思想政治教育课不相上下。因此，要对两者的异同进行明确区分，其相同点主要表现在三个方面：第一，两者承担着相同的教育任务，在对人才培养方面也有着一致的方向，都是在为“立德树人”服务；第二，两者有着相同的教育方向，都是坚定不移地贯彻社会主义办学理念，而且其育人功能也没有差别；第三，两者有着相同的教学目标，他们都在思想政治教育体系中占有重要地位，虽然当前在推行教育改革，但是其重点并不是对思想政治理论课程进行弱化，也不是将思政内容生硬地添加到专业课当中，而是要实现专业课和思政课的同向而行，最终达到协同育人的效果。

两者之间的差异主要体现在三个方面：第一，两者的教学内容有着不同的重点。思政课程主要是对学生进行思想政治教育，这是一项专业性很强的教育任务，侧重于对学生进行价值观念的引领和塑造，课程思政存在于课程知识体系当中，是其中最为重要的组成部分；第二，两者虽然都致力于思想政治教育工作，不过各有分工，思政课程是具体教育工作的主渠道，发挥的是模范带头作用，专业课程则是思政教育的辅渠道，是对主渠道的有效补充；第三，具体的教学形式各有差异。思政课是一种显性教育形式，而课程思政相比较而言就更加含蓄和隐性，将有关思想政治教育的知识点巧妙地融入专业课教育当中，对学生进行潜移默化的教育和影响，一点一滴地树立学生的信念，让他们可以形成正确的世界观、人生观和价值观。课程思政将教学的重点放在课堂之上，以正面督导和教育的方式为学生进行传道授业解惑，让其既学到了知识，也得到了正能量的熏陶，这可以帮助学生健康成长。

2.“课程思政”与“思政课程”的协同

要想协调好思想政治理论课与其他课程之间的关系需要注意三个要点。

第一，消除学生在主观方面的误区。在日常的教学过程中，很多老师和学生并没有认识到思想政治理论课程的重要性，认为其没有现实意义。其实，这主要是因为师生对思想政治课的重要性认识不足。其实我国的思想政治教育涵盖的内容非常广泛，涉及中国的历史与现实，也从上下五千年传统文化中吸取了很多精华，同时能够符合社会主义现代化发展方向，是被无数实践证明过的真知灼见。这种教育源自意识形态，有着科学的理论做指导，也有明确的教育目标需要达成。对当前的课程设置进行分析可以知道，我国高校思想政治教育课程的设立是为了帮助学生拓展视野，了解到国内和国外的发展大势，掌握人类发展的普遍规律，同时提升自身的道德水准和素养水平，可以点亮理想的灯，将未来要走的路一并照亮。[①] 我们才要通过思政课对学生加强引导，让其从根本上认识问题。

第二，思政课的教学质量需要提升。当前，有些高校的思政课开的较为古板和传统，没有很强的针对性，所以无法激发学生学习的主动性，最终效果也是不尽如人意。青年学生普遍年纪较轻，他们不太容易理解各种政治理论，也不明白这些理论背后隐藏的真实力量。如果课业负担较重，他们自然而然地会去学习自己的专业课。所以思政课老师的教学积极性也一直比较低。

第三，协同育人机制不够完善。高校开展思想政治工作其实具有很强的

---

① 高德毅，宗爱东 . 从思政课程到课程思政：从战略高度构建高校思想政治教育课程体系［J］. 中国高等教育，2017（1）.

复杂性，虽然课堂教育必不可少，但是不能仅仅依靠这一个渠道，还要完成和其他渠道的相互配合，多管齐下，才能达成效果。具体到高校的工作中，思政课的开展其实可以和诸如宣传部、学工部等保持联系，不过因为受到各种因素的影响，真正的协同育人机制还没建立起来。

6.1.3 思政课与其他课程的契合逻辑

有关思想政治理论契合其他课程的基础大致有以下几个方面。

第一，符合“一个方向”“四个服务”的要求。2016 年 12 月，习近平总书记在全国高校思想政治工作会议上强调，我们的高校是党领导下的高校，是中国特色社会主义高校，要始终坚持不懈传播马克思主义科学理论，坚持不懈培育和弘扬社会主义核心价值观，坚持不懈促进高校和谐稳定，坚持不懈培育优良校风和学风，这是我们办高等教育的根本方向，“我国高等教育要为人民服务，为中国共产党治国理政服务，为巩固和发展中国特色社会主义制度服务，为改革开放和社会主义现代化建设服务”①。

第二，课程教学必然要以培养人才为根本目标和出发点。其实思政课在培养人才方面和其他课程并无不同，简言之就是“立德树人”。每个教育工作者都应该明确两件事：一是要为学生立什么样的德；二是要培养什么样的人才。在培养人才方面主要从两个方面进行：一是要能够为社会主义建设贡献自己的力量；二是具有健全而独立的人格，德才兼备，具备较高的综合素质。高校开展教育工作的最终目的是一致的，所以每门功课都要按照这个既定目标来进行。从这个角度来说，思政课应该能够和其他课程进行有机融合。

第三，思政课教学工作的开展应该坚持改革与创新。需要提升思政课的亲和力，做到目标明确、方向清晰，要想实现这些目标，就要在不违背教学

① 张烁．把思想政治工作贯穿教育教学全过程 开创我国高等教育事业发展新局面［N］．人民日报，2016-12-09（001）．

大纲的基础上，对当前的教学内容进行合理化调整，符合当前经济社会的现实情况，同时也能触动学生的心灵。学生进入大学之后就是为了获得专业层面的发展，他们想要提高自己的知识水平和专业技能，让自己成为合格的优秀人才，为今后踏入工作岗位打下良好的基础。所以思政课的开设要符合学生的发展愿景，同时要将各种德育资源贯穿到课程当中，让学生在不知不觉间受到教育，做到润物细无声。

6.1.4　实现“课程思政”与“思政课程”协同育人的维度

2020 年 6 月，教育部印发了《高等学校课程思政建设指导纲要》，[①] 这份纲要对“主战场”和“主渠道”进行了重点强调，指出应该充分发挥课堂教学的作用，在专业课程中适当增加思想政治教育的内容，帮助学生强化信念，端正态度，树立正确的世界观、人生观和价值观。课程思政在整体教育过程中发挥的是隐性作用，强调的是“润物细无声”，希望可以潜移默化地对学生产生影响，具体涉及的维度有以下几个。

1. 思政育人元素的课程呈现方式应注意“明暗适度”

这里提到的明暗适度主要指的是在进行思想政治教育时，要注意各种要素所具有的显性或是隐性影响，所以在进行教学设计时应该多加留意。思想政治教育是一个具有很强主动性和内化性的教育过程，而不是传统教育所使用的“填鸭式”教育方法。因此教师在教学过程中，不能将收集到的思政教育元素生搬硬套到专业课程当中，或是对学生进行直接的灌输，如果按照这种方法开展教学工作，那么思想政治教育和课程知识依然无法融合到一起，还是“两张皮”。从本质上讲，好的思想政治教育是在课程知识的基础上对其进行提炼与升华。比如，物理老师在上课时，既为学生讲解了各种物理原理，又宣导了物理学家们在探索知识的领域孜孜不倦的奋斗精神，这样学生

① 教育部关于印发《高等学校课程思政建设指导纲要》的通知［EB/OL］.

既能够更加全面的了解客观世界，夯实物理基础，还能提升自己的精神境界。教师的这种融合不着痕迹，但是取得的效果却非常好。

2. 思政育人元素融入课程知识应注意“多少适量”

对高校专业课中的思政元素进行深度挖掘，不过需要注意的是，也不是在专业课中盲目增加思政元素，而是要实现专业课知识点和思政元素的优化配置，不能顾此失彼。保证思政课元素可以巧妙地融入基础课程之中，对学生产生潜移默化的影响，让其思想水平和道德修养得到提升。在这个过程中，并不是要将全部的知识点都机械地囊括在思政教育过程当中，而是要根据课程的特点进行整体把握。将适量原则切实落到实处，把握好其中的“度”。就好比把盐撒进汤里一样，太多就会影响菜肴本来的味道，只有做到适量，才能够锦上添花，保证好的教学效果。

3. 思政育人元素完善课程教学环节应注意“疏密有致”

课程思政要坚持一切从实际出发，遵循各种教学规律，按照既定的原则将各种课程知识点融入教学环节当中。其实，高校课程的教学环节主要涉及四个方面：第一，课堂讲授，也就是比较正规的上课方式；第二，课堂训练，也就是老师为学生布置作业；第三，针对课堂教学进行的延伸；第四，课堂教学管理。所以将课程思政融入教学环节当中，不是只融入课堂讲授那么简单，而是要在课堂的每个环节都融入课程思政的内容，让其贯穿课程教学的始终。需要注意的是，思政元素和课程教学的融合要保持均衡的原则，做到疏密得当，需要对课程体系进行全面把握，不能某个环节任务很重，而另一个环节则任务很轻。课堂教学在思政教育中的地位固然重要，但是也不能因此就忽视了课外联动，需要充分发挥校外资源的力量，实现家庭、学校和社会的多方联动，这样每个环节都能衔接起来，才能更好地将教学环节的作用都发挥出来。

4. 思政育人元素的选取要契合课程知识点注意“高低适中”

思想政治内容包罗万象，还可以将具体的内容进行进一步细化。如果想要将每门课程的育人功能都充分发挥出来，那么教师就要结合实际情况对思政内容进行合理删减，可以留存的知识点就留存，需要删除的就删除。在将思政元素融入知识点时，需要结合学生的实际情况，要知道，学生的理念需要有一个慢慢成熟的过程。学生所处的年龄段不同，思政教育也要因材施教，小学有小学的教学重点，大学有大学的教育内容，所以开展思政教育要从学生的实际情况和接受能力出发，结合学生的具体情况使他们的精神需求得到合理满足。可以对现有的思想政治教育内容进行分级，在教学过程中根据学生的接受情况进行教育，帮助他们树立正确的“三观”，努力提升自身的道德修养和认知水平，为其成长为全面综合型人才打下坚实的基础。

在具体的分级设计时，不能主观臆断，不能全凭想象，要坚持从实际出发，和课程知识保持一致，课程知识进行到哪个阶段，课程思政也要及时跟进到哪个阶段。只有这样，才能保证两者的有机统一。课程思政要围绕课程知识展开，不管是方向性还是目标性都要保持一致。进行课程设计时要考虑到学生的实际情况和教学需求，认真细致地挑选教学素材，再以先进科技手段将这些素材呈现给学生，让学生在潜移默化中受到影响和教育，体现课程育人的教学意义。

5. 思政育人元素的挖掘考虑学科分类注意“内容聚焦”

思想政治教育工作和立德树人教育一样，不可能了在短期之内一蹴而就，这是一个需要长期坚持的工作，要在一点一滴的积累中取得成效，要让学生在润物细无声的滋养中感受到信念的力量，不断提升自身的道德修养，升华自己的品德情操。从这个意义上来说，思想政治教育工作在引领学生价值理念方面起着举足轻重的作用，而且能够和其他专业课同向同行，取得良好的教育成果。

总体而言，思想政治教育工作的发展呈现的是一种螺旋式上升趋势。融合专业课程当中的思想政治教育内容并不是凭空生成的，也不是理论中生硬地推导而来，这些理论源自生活、源自实践，是在知识和实践相结合的过程中被挖掘出来，是在实践的前提下逐步形成的逻辑理论。高校教育所涉及的思想教育元素是传承至今的历史积累，同时又能符合时代发展的现实需求，是理论联系实际的产物，能够将情和理巧妙地融合在一起，可以做到因势利导，也能做到与时俱进。学校具体到教育内容方面要审时度势，根据实际情况进行灵活调整。每个学科的特点和属性各不相同，所以在融入思想政治教育内容时也不能千篇一律。

2020年，教育部颁布了《高等学校课程思政建设指导纲要》，这份纲要对学科专业的特点进行了阐释，共计分成七个类别，各个专业都有着自己的人才培养目标，所以在开展思想政治教育时也有着自己的斟酌和考量。教师为学生进行思想政治教育，不是对爱国情怀的一种简单的重复，而是要在科学精神的指引下，围绕具体的素材展开教学，让学生对自己所要承受的责任有深切的体会。所以在教学素材的选择上就要格外谨慎，比如英雄事迹、历史典故等都可以列入教学范围之内。尤其是今年因为疫情而涌现出的很多值得称道的感人事迹，医护人员在抗疫一线的无私付出等，等可以对学生进行教育，这也体现了对自然的尊敬和对人生的珍惜，通过这样的教育，可以激发学生的爱国热情，也能够达到教书育人的效果。

6. 思政育人效果实现知行合一应注意“动静适配”

高校开展思想政治教育要求学生可以做到“入耳”“入脑”“入心”，除此之外还要做到“入行”，让学生能够以积极的态度接受各种思政知识，并落实到行动当中。课程思政教育的开展要考虑到学生的接受情况，让其在学习知识的同时还能提升自己的价值理念和道德水准，真正意义上做到知行合一。

通过“行”，学生对“三观”会更加认同。他们会主动参与到学习当中，并以理论来指导实践。这里提到的动静适配涉及两方面内容。

第一，将共性和个性有机结合起来。不管什么事物的发展，所体现的都是共性和个性的统一。具体到思想政治教育工作上，价值取向要坚决保持一致，同时允许个体存在一定的差异性。高校开展课程思政教学，就是要坚持共性与个性的有机统一，在保证价值取向一致的前提下，对个体的差异性表示尊重。

第二，将课堂上的“静”和课外的“动”有机结合起来。实现课堂和课外的联动发展，打造“互联网 +”平台，调动起老师和学生的主观能动性，坚持理论和实践相结合，让思想政治教育工作既出现在课堂之上，还能用以指导课外实践。所以专科课程在与思政内容相融合时，要坚持将上述原则一一落实，唯有如此，课堂教育“主渠道”的作用才能发挥得更加充分，最终的教学效果才会更加明显。

总之，思政课与其他课程共同构建协同育人机制，主要通过以下四个方面来进行。

第一，构建行之有效的引导机制，需要自上而下来完成。关于这一点上文已经论述过，要想实现协同育人，目标一定要保持一致。不过从实际教学中可以发现，很多教师对育人责任没有清楚地认识，在他们看来，他们的工作就是把自己的专业课讲好，大家做好自己的工作就可以了，如果增加了“思政”的内容，那就是自己需要额外完成的工作。关于这种认知，校党委要引起足够的重视，相关部门要通力合作对教师进行引导，可以通过开设“课程思政”的专题讲座来提高教师的认知水平，让其从思想上达成共识，进而在自己的课堂中完成相应的“思政”任务。

第二，要保证工作合作机制的常态化运行。其一，积极推行教学设计合作，可以邀请思政课教师参与到其他专业课程当中，为课程增加更多的思政元素。而思政课老师也可以选择更为适合的思政内容增加到课程讲解过程里，和专业课教师携起手来，打造一个多元素融合的教学资源库。其二，在教学过程中开展密切合作。密切思政课教师和其他专业课教师之间的关系，老师们可以互相旁听，互相给出意见和建议，这样能够共同进步，稳步提升教学质量。其三，积极完成教学研究与合作。如果学科之间可以逐步融合，那么相关的研究项目就可以互相参照，在沟通与交流增多的前提下，想要合作就更加容易。此外，教学实践的合作也不能放松。当常态化的工作合作机制建立起来之后，要密切结合老师之间的关系，在日常专业课的开展中增加更多的“思政”元素，为思政育人工作的展开做好铺垫工作。

第三，打造明确的奖惩机制。积极推动思政课堂转化为课程思政，其中最为关键决定性因素就是任课教师。教师愿意在这个方面投入多少将会对教学质量产生极大的影响。所以，学校要推动思政课与其他课程的有机融合，打造奖惩机制，充分发挥制度的约束作用。如果教师在思政教学过程中投入很多，具有创新意识，那么可以在升职加薪、评优评先等方面多多进行照顾，通过榜样的作用引导更多的老师在这个方面贡献力量。

第四，打造科学的监督管理机制。如何对课程思政进行推动，怎么保证实际效果，监督机制如何落实，这都是需要直面并解决的现实问题。所以高校应该积极采取措施，打造各种体制机制，为课程思政的发展保驾护航，各级领导应该予以足够重视，组成专门的指导小组；重视投入，加强改革力度；按照国家要求建立重点项目小组，让其起到榜样作用。总体而言，开展思想政治工作需要做到四点：一是政策支持，二是整体谋划，三是重点培育，四是逐步推进。

6.2 高校辅导员与专业教师协同育人机制构建

在新时代全国高等本科教育研讨会上，时任教育部部长陈宝生发表了重要讲话。他指明了课程思政的重要性，认为在当前这个历史时期，应该将其提升到制度层面来认真对待[①]。课程思政和之前的课改教改其实有很大的不同，是可以贯穿高等教育教学始终的重要问题，属于国家战略决策的重要组成部分。不管是辅导员还是专业人士在这个过程中都发挥着重要作用，他们既要教书育人，又要“守渠种田”，尤其是在当下“三全育人”的情况下，需要加强辅导员和专业教师之间的联系，打造更加科学的工作机制，优化资源配置，合理分工，加强协作，将课程思政建设的积极作用充分发挥出来。

① 陈宝生．在新时代全国高等学校本科教育工作会议上的讲话［J］．中国高等教育，2018（Z3）：4-10.

6.2.1　高校辅导员与专业教师协同育人的特征

（1）工作对象和目标的同向性。在高校当中，不管是辅导员还是教师，都需要为大学生传道授业解惑，帮助大学生很好地成长。高校开展思想政治教育工作需要充分发挥辅导员的积极作用，他们是专职学生工作队伍中的生力军，是开展教育的重要支撑力量，其工作职能包括以下几点：一是对学生进行心理辅导；二是提升学生的思想认知与道德水平；三是处理各种日常事务。专业教师则是更多地在专业方面对学生进行辅导，帮助他们架构专业的知识体系，提升他们的专业素养和能力。两者在立德树人方面目标一致，价值相当。

（2）工作场域和分工的互补性。辅导员和专业教师虽然同样在进行人才培养，不过其侧重点各不相同。辅导员更加关注的是学生的身心健康和道德水平，其工作的主要场所是班团活动或是各种社会实践场地，属于第二课堂。专业教师则不同，他们的主要工作是为学生传授理论知识，提升他们的实践能力，其主要的教育场所就是课堂。虽然两种方式功效不同，不过在育人体系中的地位同等重要。而课程思政可以将第一和第二课堂有效衔接起来，实现辅导员和专业教师的优势互补。

（3）工作方式与方法的互鉴性。随着时代的发展和工作对象的变化，辅导员的工作也会发生很大变化，因此需要具有创新意识。辅导员需要把握时代发展趋势，将新媒体引入到教学过程当中，选择学生可以接受的方式对学生进行思想引导和教育，帮助其更加健康地成长。这种教育方式比较显性，属于感性层面。相比较而言，专业教师就更加理性，他们严谨的工作方法和孜孜不倦的教学态度可以对学生产生影响，这种影响更加隐性，不过作用却很明显。课程思政的存在使辅导员和专业教师之间的关系更加密切，引导其不断耦合、同向同行。

随着课程思政的逐步落实，原先教书与育人之间的鸿沟逐渐被填平，各种教育理念也被融合到知识教育当中，非常符合当前高校思想政治教育的本质要求。所谓协同育人指的是随着教学环境的改变，会出现很多新的序参量，而各项育人要素之间应该密切配合，实现教育资源的有效配置，这是一个健康运行的有序结构。[①]有了课程思政的推动，专业教师和辅导员可以开展工作协同。

（4）辅导员应该尽职尽责。正是因为有着自己的工作职责，所以辅导员应该积极推动实现工作协同。辅导员所面临的工作内容非常庞杂，要想保质保量完成各项工作其实有着很大的难度，而且也不能对工作质量进行保证。2014年，《教育部关于印发〈高等学校辅导员职业能力标准（暂行）〉的通知》指出，将辅导员的职业能力进行了三个等级的划分。[②]这也可以确认辅导员的工作价值，初级辅导员主要负责处理各项日常事务，而高级辅导员则要指导学生制定自己的职业规划，准确把握思想工作发展规律，这是能体现辅导员工作能力的一种标准划分。而辅导员就是要不断提升自身能力，推动管理教育和教书育人的有机融合，才能达到更好的教学效果。

专业教师需要逐步提升自身的课程思政能力。因为教师在这方面的水平会直接影响教育效果。如果能够和辅导员协同起来，可以对思政教育的内涵进行升华，帮助学生更加深入地理解思政的内涵，教师在这个方面的积极性和主动性也就更强。可以协助专业教师更好地对思政教育的时代背景、发展脉络以及现实意义进行把握，了解不同时期的相应情况，真正意义上做到"守渠种田"。

需要对思政教育的实施效果进行有效提升。在辅导员和专业教师的教育过程中，需要重视加强思政课的目的性，提升亲和力，他们的工作其实是互融的，都属于"三全育人"中不可或缺的部分。思政理念是带有实效性的时代课题，需要长期的探索和研究才能把握，其中需要合理的设计、多方资源的参与，而辅导员的主要作用就是完成"显性思政"教育工作，这也需要很

① 刘亚敏，黄英．高校辅导员与思政课教师协同育人机制构建的思考［J］．现代商贸工业，2017（20）：157-158.

② 教育部关于印发《高等学校辅导员职业能力标准（暂行）》的通知［EB/OL］.

多资源参与进来进行统筹与配置。

6.2.2 高校辅导员与专业教师协同育人的现实困境

首先，认知水平较低使得相关意识提升不起来。专业老师通常会将更多的精力放在自己的专业上，不过却没有意识到思政课的重要性，理解不了其内涵与价值。在很多教师看来，思想政治教育就是任课教师和辅导员的工作。其实，课程思政理念是贯穿在整个教育过程当中的一种理念，专业老师不能受到传统思想的影响，而是要自觉主动地担负起这个责任，积极顺应时代发展潮流。对辅导员来说，他们需要处理的事务性工作非常繁杂，比如管理班级、为学生进行心理辅导、帮助学生完成职业规划等。[①] 这些工作较为细致，久而久之，辅导员的思维也会变得程式化，不能以理性的思维来通盘考虑全局。他们可能认为，课程思政就是属于专业教师的工作内容，在这样理念的指引下，他们工作格局就不会太宏观，会出现这样或是那样的疏漏。总之，辅导员不能深入理解课程思政的理念，也无法与专业教师携起手来共同进行协同育人。

其次，工作能力不足，教学效果不理想。课程思政在很大程度上考验了专业教师的实际能力、道德水平和把握现代信息技术的水平。在新的历史条件下，专业教师需要具备多重素质，能够完成课程建设、可以实现人才培养，这是教师专业能力的一种体现，不过从现实情况来看，很多教师年纪尚轻，在思想政治工作方面较为生疏，也需要承担很重的科研任务，所以在教学设计以及评估方面就显得力有不逮，能力不足的情况比较明显。再有，辅导员要胜任本职工作也需要有专业的能力做支撑，不过他们中的很多人经验较少、阅历欠缺，不管是理论基础还是理想信念都不够充足，总体而言也是能力不足。在这样的情况下，辅导员和专业教师的配合起不到应有的作用，思想政治工作无法顺利推进，甚至还是出现适得其反的情况。

---

① 辛屾森，薛海．高校“思政课教师—辅导员合力”下的协同育人机制探析［J］．湖北函授大学学报，2017，30（08）：85-86+89.

最后，机制存在不合理之处，使得合力发挥不出来。要想高效推进课程思政，不能只以教师的自觉主动为主，还要在高校内部建立完善而健全的工作体系，对当前的制度进行合理优化。理论上讲，不管是专业教师还是辅导员，都属于思政工作开展中必不可少的教育资源，不过，因为他们分属不同的管理体系，各自的考核标准也各不相同。所以，他们都在按照自己的工作路线开展教育工作，长此以往，教育资源得不到合理优化配置，很多信息沟通不畅，无法实现优势互补，学生工作和教学工作做不到协同一致，教育合力就无法实现。现阶段，高校开展思想政治教育已经有了明确的目标和方向，所以应该积极推动内部改革，保证体系内部的顺畅运行。

6.2.3 高校辅导员与专业教师协同育人的路径选择

1. 引导辅导员与专业教师树立育人理念

学校要在整个教学过程中融入思政教育理念，在全校范围内进行最广泛的宣传，让广大师生对此达成共识，不过要真的在实践中实现这一目标，其实还是任重而道远。很多老师长期以来已经习惯了自身的岗位角色，他们理解不了课程思政和自己有什么关系，在立德育人方面也是知之甚少，所以需要对教师的认知水平进行有效提升。高校要做好宏观统筹，坚持从实际出发，将协同育人的观念普及给广大教师。充分利用各种情景开展思政教育，让教师真正意义上认识到“守渠种田”的重要性，明确自身责任，改变以往“条块分割”的思想意识，坚持做到协同配合。对于广大教职员工来说，立德树人是他们应该共同直面的现实任务，也是他们的历史使命，所以开展多部门的协同联动就非常有必要。高校思政教育的开展需要辅导员和专业老师的通力合作，这是新时代教书育人的必然选择，也是高校育人体系中不可或缺的一个部分。

2. 健全当前协同育人的制度设计

只有高校打造健全的制度体系，才能很好地将辅导员和专业教师联系起来，打造优质的协同育人格局。第一，需要在学校内部制定宏观战略和发展策略，在高校内部管理体系中增加课程思政的内容和目标，特别是学工部和教学管理两个部分，需要设定共同的发展目标，齐头并进，协同发展。第二，在考核方面要突出育人实效这个重点，保证评估机制的合理性，建立明确的奖惩机制。要将学生工作和教学工作两个部分有机联系起来，打造完善的制度体系，解决不同序列考核指标不一致的情况，将各级教师的工作积极性充分调动起来。第三，要对教学管理制度进行细化与明确，对教师的课程思政职责进行明确，打造系统的研讨机制，在工作过程中多多沟通与交流，年终做好总结与展望工作，尽可能地保证资源优化配置，消除信息不对称的情况，将合理育人的理念在真正意义上落到实处。

3. 融合协同育人的理论和实践

整个课程思政是个动态运行与发展的理念，需要各种教育资源进行系统整合，在这个过程中，教师的教学能力也能得到显著提升。这也需要教师以积极的态度投入到这项工作当中，认真学习马克思主义理论，实现思政理论和专业知识的有机融合。辅导员的主要工作就是指导学生开展思政实践，不过有些辅导员也会兼职有关思政的授课工作。在这样的情况下，实现两个队伍的协同合作其实更加容易。要设立专门的科研项目，从理论合作入手，逐步提升辅导员和专业教师的思想政治理论水平；充分把握建构思政案例库的发展良机，使得辅导员和专业教师在教学实践方面的关系密切，健全当前的教育体系，实现资源优化配置，保证思政实践能力的稳步提升。而课程思政也要对各种可利用的资源都予以重视，创造条件吸纳更多的时代发展元素，按照学生的喜好对当前的教学内容进行优化，让课程设置更具吸引力，将课堂教学和日常管理巧妙地融合起来，在这样的设置下，辅导员对思政课也会产生浓厚的兴趣，那么再进行教育指导也就更有针对性。

4. 建立协同育人的工作平台

课程思政系统具有很强的开放性，如果配置的平台适宜，那么就能发挥出更大的效应，可以有效提升教师的教学水平。从学校的角度来说，要结合课程体系打造更为完备的教学体系，对各种教学资源进行合理配置，从学校的具体情况和特点出发，推出更具代表性的示范项目，也选拔出一批素质较高、能力超群的思政教师，有效地将知识体系和思政教育结合起来。如果是二级学院，那么就要对当前的人才培养方案进行合理优化，坚持创新与改革，稳步提升教学质量，围绕学生的实际情况开展教育工作。学校要重点进行课程学分改革，重视课程评估，引导和鼓励学生参与到整个教学过程当中，可以通过开展实践活动的方式实现第一和第二课堂的协同，保证教学和学生工作可以有机融合。从教师的层面上看，要重点提升自身的综合素质和教学能力，可以在网络平台上和其他教师进行交流，多多学习经验。再有，可以在网络课程平台上对思政课程进行设计，掌握整个课程内容的进度，了解学生的需求，在此基础上进行授课可以达到事半功倍的效果。

总之，高校要想真正意义上进行立德树人，前提和基础就是开展课程思政，这项工作既复杂又艰难，系统性非常强。教师需要梳理思政理念，学校需要制定相应的教学制度，同时要引导辅导员和专业教师协同合作，以行之有效的方式推动思想政治教育工作的发展。

6.3　高校学生党建与思想政治教育协同育人机制

高校思政工作者需要紧跟时代发展步伐，积极学习、勇于创新，更好地推动党建和思想政治教育协同发展，在新的历史时期开创协同育人的全新发展观。

6.3.1　高校学生党建与思想政治教育协同发展问题分析

1. 高校学生党建与思想政治教育协同合作依存度不高

现阶段，有些高校基本上实现了两者在目标和内容上的一致，不过党建和思想政治教育工作之间没有形成和谐共赢的发展态势，两者各司其职，不能有效配合。在很多高校当中，党建工作的负责部门是组织部，日常工作是组织培训，或是进行考核等，而思想政治教育工作的展开主要由辅导员和专业老师来负责。在党务工作的开展过程中，很多负责思想政治教育的工作者对党建工作漠不关心，并不想参与到党务工作当中，对其也不重视。在他们看来，党建工作主要是组织部的事，组织部应该全盘负责，正是因为这种认知，很多工作都是形式大过内容，虽然在学生中发展了很多党员和积极分子，但是他们的先锋作用并没有发挥出来。有些老师则是将主要的精力放在自己的专业领域，重点进行科研工作，而辅导员则每天都投身于繁杂的日常事务处理中，也没有时间再关注思想政治教育工作。在这样的情况下，高校党建工作开展并不顺利，和思想政治教育也没有能够协同发展，合作平台一直没有搭建起来，所以在人才培养方面没业绩。

2. 高校学生党建与思想政治教育协同创新愿景不足

在互联网高速发展的今天，大学生不管是学习和生活都和网络息息相关，他们的思维结构也因此发生了很多变化。在新媒体广泛应用的今天，传统的教育模式已经不适用时代发展的需求，改革势在必行。不过现在的很多高校，依然采取传统的方式进行思想政治理论传授，老师在讲台上讲，学生在下面听，这种方式较枯燥，学生的积极性无法得到调动，他们也不想参加到这类实践活动当中，所以思政课的效果也并不理想。

3. 高校学生党建与思想政治教育协同治理监督不完善

在从严治党的影响下，高校开展党建工作也有了新的目标和要求，相关的制度开始完备，组织结构更加优化，党建工作开始正视培养学生党员的重要性，很多学生党员也脱颖而出。不过，需要认识到的是，我国很多高校党务工作者较少，可能辅导员也会随时帮忙，但是辅导员自身也有工作需要完成，所以大多数工作都是由党务助理来完成，这就使得党建监管工作形同虚设，他们无法针对党员进行教育，所以很多党员干部自身没有很强的党组织意识，某种程度上不能起到模范带头的作用。

6.3.2 高校学生党建与思想政治教育协同育人的运行基础

高校想要培养出优秀的人才，行之有效的办法就是实现党建工作和思想政治教育的有机结合，充分发挥党建工作的引领作用，重视对广大大学生开展思想政治教育，两者可谓是相互配合，缺一不可，唯有如此，育人工作才能开展得比较顺利。落实到具体工作当中，高校应该积极把握党建工作和思想政治教育的共通之处，两者之间的关系联系密切，让其协同共进，步调一致。

党建工作和思想政治教育之间的统一性主要体现在以下三个方面：第一，发展目标能够保持一致。不管是党建工作还是思想政治教育工作其实都是坚持马克思主义思想，其发展目标就是实现立德树人，为社会主义现代化建设培养合格的接班人；第二，工作方法基本类似。党建工作和思想政治教育都是围绕“人”展开的，都重视对学生的教育，目的性强、方向一致，充分发挥教育的力量，帮助学生在大学时代树立正确的世界观、人生观和价值观；第三，教育内容大相径庭。两者的主要教育内容都包括理论学习、道德修养提升，也会对学生进行爱国主义教育，可能根据学习的对象，相关教学内容会有一些差异，不过总体上是可以保持一致的。

党建工作和思想政治教育工作可以相互配合、互相促进。学生党建工作的核心和要点就是坚持党的基本路线不动摇，在高校落实党的各项方针政策，这也可以为后续开展思想政治教育工作打下牢固的基础。然而，好的思想政治教育工作可以提升学生的认知能力，让他们更加主动和积极地靠拢党组织，为党组织培养更多的优秀人才。从这个角度来说，思想政治教育为党建工作的开展提供了坚实的保障，而党建工作则是对思想政治教育再度拓展和全面升华。正是因为有了思想政治教育这个坚实的基础，学生党员才能更好地掌握各种理论知识，提升思想认知，充分发挥出党员带头作用。党建工作的开展也能为思想政治教育指明发展方向，可以提升学生的思想高度。从这个角度来讲，内部打造协同育人体系，将党建工作和思想政治教育囊括进来，可以保持高校的社会主义发展方向，有助于高校积极创新，也能落实从严治党的相关要求，为高校的未来发展铺就一条康庄大道。

6.3.3　高校学生党建与思想政治教育协同育人的有效路径

高校在开展思想政治教育协同育人方面需要突出重点和难点，紧跟时代发展的步伐，坚定不移地落实“立德树人”的原则，在工作方法的选择上不必墨守成规，可以机动灵活，旨在更加高效与高质量地完成协同育人工作，打造多元化、多维度、全方位、同向同行的育人新格局。

高校开展思想政治教育工作的根本宗旨和原则就是教书育人，在校内打造完善的协同育人机制，积极探索发展新态势。在这个前提和基础之上，高校要打造完善的思想政治教育协同育人机制，帮助学生提高认知水平，将“三全育人”的理念真正意义上落到实处。教师结合学校的实际情况，推动高校党建工作更快更好地发展，同时要重视落实思想政治教育工作的监督职能。高校需要对当前的组织结构进行优化与完善，积极配置各种教育资源，加强人才培养力度，落实统一领导，将各方面的统筹协调工作都一一安排好，这样才能为协同育人工作的开展提供坚强的支撑。

高校要合理把握学生的思想动态，有目的性地开展协同育人工作。高校要对学生的思想发展动态情况进行及时把握，可以多多关注学生的微博、QQ 动态等，对其中的各种思想问题进行收集、梳理和分析，及时掌握学生的情感波动和思想变化情况。在这项工作完成之后，需要对比学生党员的各项数据，对学生思想波动的深层次原因进行研究，最终制定出有针对性的教育方案，为心理波动较大的学生开展思想教育与辅导，争取防患于未然，提前将问题消灭在初始阶段。

高校要积极发挥朋辈引领作用，以具有亲和力的方式开展协同育人工作。大学生处于一个群体当中，所以在平时的工作和学习中会很大程度上受到朋辈的影响，因为他们属于同龄人，也有着类似的兴趣。所以，来自朋辈的影响力可能更大，远超过父母和老师。因此在思想政治教育工作的开展中，可以为大学生树立榜样，让他们发挥出积极的影响和作用，以具有亲和力的方式推动党建工作开展，更好地提升思想政治教育水平。

高校要对当前的育人形式进行调整，以先进理念指引协同育人工作发展。在网络时代，大学生的学习和生活都和网络有着密切的关系，他们的思想和行为也会或多或少受到网络影响。高校思想政治工作也应该认识到这个情况，充分发挥网络的作用，对当前的传统教育模式进行合理调整，打造新的教育阵地，以大数据为载体对学生的思想、诉求情况进行了解与分析，多措并举地保证协同育人工作的先进性和科学性。

高校要坚持理论联系实际，保证协同育人教育工作具有充分的实效性。高校之所以要开展党建工作就是为了从思想政治的高度对学生进行教育，提升他们的认知水平，当真的遇到问题时才能以正确思想指导实践。高校之所以要开展思想政治教育工作，就是为了可以更好地理论指导实践，这也为党建工作的开展打下了坚实的基础。任何人才工作的开展都不能忽视实践的作用，大学生的思想政治教育工作更是如此。高校要在协同育人的过程中增加爱国爱家的内容，对大学生的世界观和价值观进行正确引导。教师将思想政治教育工作和实践结合起来，可以对当前的教育工作进行丰富与完善，让协同育人更有针对性、目的性和实效性。教师引导和鼓励大学生将来更好地为人民服务，为国家发展增砖添瓦。

6.4 家风建设与思想政治教育的协同育人机制优化

家风，经常被称之为门风，大到一个家族，小到一个家庭，都有自己要遵守的道德规范和行为准则，也包含了多年来沿袭的生活方式与生活习惯，还有诸如言行规范、生活禁忌等都包括在家风之内。这是一种世代相传的稳定性极强的文化风尚。[①] 在我国源远流长的历史文化中，家风传统也是其中非常重要的一个组成部分，是当今社会核心价值观的一种体现，也是高校开展思想政治教育工作的重要依托和载体。本章主要从理论和实践两个角度展开分析，重点研究存在于家风建设和高校思想政治教育之间的联系，积极推动协同育人教育的发展，为培养社会主义时代新人打下坚实的基础。

6.4.1　家风建设与思想政治教育协同育人的必要性

在育人的问题上，家庭和学校的作用可谓是同等重要，如果能够将两者有机结合起来，那么就能发挥出更大的作用。当今社会，高校要开展思想政治教育工作，就要充分发挥家庭的作用，积极推动家风建设，这样才能更好地完成育人使命，积极提升育人质量。我国是一个有着五千年悠久历史的国家，历来对家风建设都非常重视，而且在漫长时代的发展中，也沉淀下了很多具有宝贵价值的家风文化，这些都可以很大范围内推动育人工作发展，为高校思想政治教育工作开展打下坚实的基础。《关于进一步加强和改进大学生思想政治教育的意见》的颁布，促使学校逐步和大学生的家庭建立密切的联系，这样才能更好地推动思想政治教育工作的开展，在学校和家庭之间形成强大的力量，将家风建设真正意义上和高效思想政治教育衔接起来。

6.4.2　家风建设与思想政治教育协同育人的可能性

众所周知，家是最小国，而国家则是由千千万万个家庭组成的。如果能够实现家庭和睦和幸福，那么社会的安定与祥和就有了保证，而且，社

① 向亚云，景扬，王溪明．建设好家风传承中华优秀传统文化［M］．北京：中国言实出版社，2017.

会文明的实现也是由家庭文明缔造而成的。要想把家庭和国家衔接在一起，最好的途径就是进行家风建设。所谓家风，就是父母长辈教导子女该如何成长，如何做一名合格的社会主义接班人，让他们在人生的第一个阶段就自尊自爱自信自强，这是一项非常有意义的教育工作。在宣传马克思主义思想这项工作中，学校所起到的作用也是非常重要的，高校承担着培养时代赋予的艰巨责任。尤其是在当前这个历史时期，应该积极推动家风建设和高效思想政治育人的相互融合，实现两者的并行共进，这具有很强的现实指导意义。

1. 同根性

从本质上讲，家风建设和高校思想政治教育植根于中华传统文化。我国历史悠久的民族文化是中华民族不断发展的营养与基础。在这些优秀的历史文化中，家风是“一个家庭的精神内核，也是一个社会的价值缩影。一个家庭的家风体现着各自的价值追求和精神风貌；无数个家庭的家风会聚起来，就构成了一个社会的价值取向和精神状态”①。现阶段，我们的家庭结构和古代相比已经出现了极大的不同，不管家庭结构如何发生变化，良好的家风在创造优秀文化、规范价值理念方面的作用不会改变。高校在开展思政教育过程中需要与家风建设建立起密切的关系，以创新的方式继承这一优秀历史文化。正是因为有了这种传统文化作为底蕴，家风建设才能和高效思政育人有效地衔接起来，以形成合力的方式更好地培育社会主义新人。

2. 同向性

其实不管是家风建设还是高效思政教育工作，其根本目的和宗旨都是一样的，就是为了国家培养高素质、有情怀、爱国爱家的社会主义新人。从层次上讲，家风建设所处的层面要比高校思想政治教育低一个等级，两者的育

① 谢青松，赵娟．中国传统家风家教的传承与核心思想［J］．学术探索，2017（06）：114–120.

人方式也不会完全相同，不过其根本宗旨和目标是不变的，就是为了实现中华民族的伟大复兴而培养更加合格的人才。在教育方面，家庭教育起到的是基础和奠基的作用，家庭教育可以为孩子启蒙，让他们从小就形成好的思想品德，具备良好的道德修养。而高校作为专业性较强的育人基地，可以在家庭教育的基础上有针对性地对学生开展道德教育。在当今的高校思想政治教育中，马克思主义理论和社会主义核心价值观是开展育人教育的主要内容，可以对大学生的价值理念形成起到积极影响，其实这也和开展家风建设的目的不谋而合。两者在育人教育过程中有着同样的作用和意义，都是为培养社会新人付出努力，要合理解决培养人才的关键性问题，并将相关理论和思想具体落实到实践当中，为民族振兴培养更多的优秀人才。

3. 共通性

所谓教育主体指的是可以在教育过程中有针对性开展教育工作，主导整个教育过程的组织或个人。我国主要的育人场域有家庭和学校，两者之间的共通之处也非常明显。在家风建设中，父母和子女居于主导地位，两者会在教育过程中产生互动，围绕家庭核心价值观展开基础的家庭教育。而在社会主义新时代的中国，在中国梦的引领下，家风建设开始和主流社会价值观逐步接近和吻合，融入国家“大思政”的理念和发展当中。在这个过程中，思想政治教育工作的主体则是由党和国家来承担。不过从作用上看，其和家庭的作用并无很大的不同。[①] “高校思想政治教育不是一个思想政治教育工作者与大学生之间的单向灌输，也不是单纯大学校园教育能完成的任务，而是在一个教育者与教育对象交互影响、呈体系化的整体发展的教育。”[②] 总体而言，在家庭教育和学校教育的不断互动中，传统基因逐步和现代价值取向有机融合起来，这也促成了家风建设和高校思想政治教育的完美融合。传统的家风

① 李合亮．解析与建构当代中国思想政治教育的哲学反思［M］．北京：人民出版社，2010.

② 谷松岭，熊琳．高校思想政治教育生态环境问题及应对［J］．学校党建与思想教育，2019（24）：21–23.

价值理念开始渗透到社会主义核心价值观当中，帮助受教育者在学校阶段形成良好的道德品质，将教育合力的作用充分发挥出来。

6.4.3 家风建设与思想政治教育协同育人的实践路径

1. 系统整合现有家庭资源

对现有的家庭资源进行系统整合，为开展协同育人打下良好的基础。第一，要积极汲取我国五千年优秀文化的精华，这也是开展家风建设和推动高校思想政治教育的基础与核心。在当代社会，要通过各种新媒体的方式对中华文化进行制作，可以以影音的方式穿插在家庭教育以及高校思想政治教育当中，潜移默化地对学生产生积极影响，“所谓治国必先齐其家者，其家不可教而能教人者，无之”。2016 年 12 月，习近平总书记在会见第一届全国文明家庭代表时指出：“中国人历来讲求精忠报国，革命战争年代母亲教儿打东洋、妻子送郎上战场，社会主义建设时期先大家后小家、为大家舍小家，都体现着向上的家庭追求，体现着高尚的家国情怀”。对当前的社会力量进行系统整合，在开展家风教育和思想政治教育的过程中积极引入优秀传统文化，打造更为强大的教育合力，稳步提升育人质量。

第二，对高校的优势进行深度挖掘。在我国思想政治教育工作中，高校所起到的作用举足轻重，是培养社会主义接班人的主要场域，聚集在高校中的教育资源非常丰富，可以通过系统的方式对学生进行全方位、专业化的培训，提升学生的认知水平。在高校的日常教学过程中，教师应该有所侧重，将家风文化巧妙地和课程教育融合起来，通过授课、讲座、讨论或活动的方式将这部分知识传授给学生，这样潜移默化的方式可以对学生产生影响，让其潜能得到激发，这样既可以传承优秀传统文化，还能树立当代大学生的文化自信，让他们更有底气。

2. 倾力打造学校联动机制

在学校和家庭之间打造良好的联动机制，为协同育人的发展打下良好的基础。

在信息时代，不管是家庭结构、学校教育类型还是学生的心理情况都比之前有很大的不同，所以体现在家风文化和高校思想政治教育上，也会有很多与众不同的特点体现出来。在这样的情况下，需要实现线上和线下的有机联合，优化资源配置，打造更为完善合理的协同育人机制，将家风建设和高校思政教育巧妙地融合起来。

第一，有针对性地搭建一个线上平台。在这个方面可以发挥网络优势，打造一个网络互动平台将家风建设和高校思政育人联系在一起。比如微信、QQ 群等，可以将相关的资料和信息发送到这类平台之上，开展主题讨论活动，从而扩大教育的影响力。在搭建了相应的网络平台之后，家风文化就能够更好地融入核心价值观当中，让两者相互影响相互渗透，这对培养大学生的道德素养和爱国情愫具有十分积极的作用。

第二，线下活动也要同步进行。学校可以定期召开联络会，邀请家长、学生一起参与其中，针对具体的问题展开讨论，并将自己的经验所得分享给大家。在这样的互动过程中，家风建设就会和高校思政育人工作联系得更加紧密，学生可以在潜移默化的过程中得到更好的教育。

3. 建立家庭定期交流联络制度

在家庭和学校之间建立密切的交流制度，以常态化的方式推进协同育人工作。这样可以为协同育人工作的开展提供坚实的制度基础。

第一，在家庭和学校育人机制联动的过程中要坚持原则，所有的工作要围绕学生展开，符合大学生的实际学习与生活情况，从他们日常生活的点滴出发，认真研究他们感兴趣的事物，在这样的基础上开展的育人教育更容易取得实效。

第二，具体的操作要严格按照制度来落实，不能形式大过内容。首先，教师家访制度要切实落到实处，这样学生在家庭的表现，老师可以第一时间掌握；其次，落实家长访校制度，让家长走进校园，对学生的日常表现进行了解。当“家校互访”以制度化的方式得以确认，学校和家庭之间的关系就更加紧密，最终释放出来的育人合力也就更加强大。

第 7 章　我国思想政治教育协同育人驱动及运行机制

在高校合作趋势的推动下，开展思想政治教育协同育人工作可以更好地推动“科”“教”结合，释放出更大的合作能力，提升协同育人的教学质量，这也为后续更大范围开展协同育人教育打下了良好的基础，是提升协同创新水平的根本，在整个发展过程中所起到的作用举足轻重。所以，高校如果想要深入彻底地研究思想政治教育协同育人机制，第一步要做的就是了解与掌握驱动机制。本章主要打造思想政治教育协同育人机制的模型，选择的研究角度有两个：一是内部；二是外部。在“不稳定性原理”的指引下，对该机制展开更加细致而深入的研究。

7.1　高校思想政治教育协同育人的驱动机制

根据协同学理论“不稳定性原理”可知，内在驱动即存在于思想政治教育协同育人“内在的差异”。从理论角度来看，思想政治教育协同育人的内部驱动机制属于科学研究与人才培养彼此融合各方内部的动力机制。本章分别从利益吸引、自身发展所需出发，本着循序渐进的原则对思想政治教育协同育人的内部驱动机制做进一步解读。其内在动力与利益吸引彼此相对。任何一种合作的内在动力均与合作双方切实利益有关，在缺少利益吸引的情况下，合作难以形成，且无法持久，高校间的合作同样如此。对于思想政治教育协同育人而言，利益因素是重要因素之一，发挥着不容小觑的驱动作用。

7.1.1　高校思想政治教育协同育人的跨部门任务驱动机制

从总体角度来看，高等学校拥有教书育人、科学研究、服务社会这三大职能。教书育人是其立足之本。从培养渠道来看，一方面需要通过课堂授课实现理论知识的传递；另一方面需要利用课下时间促进青年学生创新能力提升。高校的存在价值能够通过科研项目的开启、科研成果转化、领域内竞争实力增强得以呈现。在利益吸引下，双方能够进行合作，极易获取更多收益。高等学校聚集着大量人才，不过受我国国情所限，又有着教育资源总量不多，人均教育资源不足的短板。高校不仅拥有先进的科研平台，又有着丰富的仪器设备，不过人力资源存在缺口，两者之间存在互补的内在逻辑关系。当彼此合作，定会实现扬长补短，互惠共赢。

首先，对于高校而言，伴随着高等学校内人才的涌入，人手紧张的问题能够顺势化解，助力科研项目发展，在这种情况下不仅能够承接规模更大的科研项目，而且能够得到更多的支持（科研经费）。其次，对于高校来说，在其他高校的帮助下，学校的科研经费、师资力量、学科建设水平等具有水涨船高之势。关键对于青年学生、研究生或博士生而言，高校提供的科研平台与科研仪器、科研项目是其不可多得的资源，他们能够借此契机实现对前沿科技的了解，通过科学研究攻克难题，将科学研究技术内化于心，自己的眼界、创新能力等均能够得到改观。如此一来，基于科学研究促进人才培养能够成为可能。在利益驱动下的高校间一旦达成合作，能够对现有资源加以整合，分享彼此研究数据及成果。以此为背景，思想政治教育协同育人活动定会步入良性循环，实现持续发展。发展才是硬道理。在科教兴国的大环境下，高校作为事业单位，应具有与时俱进的发展意识，在不以盈利为主要目的的前提下展开合作，顺应社会发展规律，历经社会考验，通过自我努力实现稳健发展。

高等学校在发展进程中应始终以培养人才为己任，兼顾其他职能实现，比如科学研究活动启动、助力社会健康发展。通常来说，通过分析高等学校的人才培养质量、科学研究成果、学科建设水平等能够一窥其综合办学能力。同时，与高等学校的名誉、知名度和影响力有着密切关联。伴随着高等学校美誉度的提升，社会影响力的扩大，在教育领域内既能被视为标杆，也能够获取由国家提供的诸多支持，其办学资源和生源会持续攀升，一方面能够为高等学校可持续发展目标达成做良好铺垫；另一方面其办学水平将会愈来愈高，成为一流甚至超一流大学的概率不断增加。高校的主要任务有三：一是完成重大科研任务；二是实现科研项目获取；三是争取必要科研费用。对于高校而言，科研能力、创新能力、学术成果均属于其核心竞争力。因此，高校应通过科研任务攻克一道道难题，并注重自我成果转化力的提升，以便在激烈的竞争中脱颖而出，从而实现突破性发展。

高校间进行有机结合。首先，高校的参与，能够促进高校科研实力、人才培养能力的提高，为其学科建设创造更多利好条件；其次，高校的参与，能够为高校攻克科研项目、成功科研成果转化奠定基础，当青年学生毕业后能够作为后备军促使高校队伍不断扩大。从长远角度来看，两者结合并非凭空想象，而是经过考量后做出的重要决定，是一种顺应社会发展的明智之举。中国科学技术大学（即“中国科大”）和中国科学院相关高校间的有些合作同样是基于内部驱动机制得以演变和推进的。从中国科大提供的资料可知，中国科大诞生于1958年，在建校伊始就与高校建立了合作关系。1959年，中国科大凭借出众的人才培育能力被认定为全国重点大学。

当中国科大南迁至合肥后，与高校的合作关系并未因位置的变迁而中断。一方面，该校完成了研究生院、国家大科学工程的建设；另一方面凭借综合实力成功入选国家首批实施“985工程”和“211工程”的名单。自2000年以来，中国科大面对国家需求，从未停止发展脚步，并加大了高校间的合作力度，双方在尊重我国国情的前提下，主动探索新的人才培育模式，并推出了科技英才班与科教融合共建学院，成了其他学校争相模仿的对象。客观而言，中国科大之所以能够取得令人艳羡的办学成就，与中国科大奋发向上的意识、永不言弃的奋斗精神有着必然性联系，与高校间的密切合作息息相关。

基于上述分析能够发现，思想政治教育协同育人驱动机制模型中包括外部驱动机制与内部驱动机制。其中，外部驱动机制中有政府提供的牵引力，源自科技的推动力，国内外环境所产生的影响力等。内部驱动机制包括利益间的吸引、自身发展客观所需等。唯物辩证法认为，事物的变化是内力与外力共同作用的必然结果。

首先，内因为事物变化提供了重要参考，是事物不可或缺的根本动力。其次，外因是事物改变的前提条件，且外因需要通过内因起作用。内因和外因同等重要，且有着相互影响的关系。进一步分析，内部驱动因素有利益吸引、自身发展所需，是思想政治教育协同育人得以产生的主因；外部驱动因素有政府牵引力、源自科技的推动力、国内外环境的影响力等，是思想政治教育协同育人稳健发展和壮大的关键。

在本章论述中，作为思想政治教育主观能动性具体体现的内部驱动机制发挥着基础性作用，甚至能够决定外部驱动机制价值体现，关乎思想政治教育协同育人活动的成功与否。因此，只有当思想政治教育双方同时满足两点时才有可能获取政府提供的支持、源自科技的推动等外部力量提供的支撑：一是潜在利益的吸引；二是对自身发展无止境的追求。如此一来，当科学研究与人才培养实现融合，彼此能够通力合作，实现互惠共赢目标。原则是一种行为准则，是促进工作有序推进的利器。创建和完善大学生思想政治教育协同育人机制同样需要原则的保驾护航。

从总体角度来看，整体性原则、协同性原则、动态性原则、创新性原则均是构筑大学生思想政治教育协同育人机制应时刻践行的原则。

首先，整体性原则。思想政治教育是由要素构成的有机整体。因此，在启动具体工作时，需要将整体性原则落实到位。否则，一旦缺少整体性原则，大局观极易被打破，难以从宏观角度出发，实现对整个思想政治教育活动的了解和把握，各构成要素间的内在逻辑关系会被无视，继而导致顾此失彼等情况出现。为避免以上情形出现，我们需要着眼于整体，兼顾校内育人要素及其作用发挥，有意识地将校内外育人要素融入至思想政治教育系统内。

其次，协同性原则。基于该原则，伴随着要素间的相互渗透、彼此协作，极易收到“一加一大于二”的效果，有机体内的资源能够顺势得到整合，实现优势互补。在创建和完善高校思想政治教育协同育人机制时，参与主体应注重自我协调意识的强化，良性互动模式形成和应用，共同推动高校思想政治教育事业，使其步入稳健发展阶段。

再次，动态性原则。存在于思想政治教育机制系统内的不同因素兼具不稳定性特点与动态化发展特点。因此，思想政治教育过程定会伴随着内外部环境的改变而出现浮动，并非僵化不动。我们需要用发展的眼光去观察、去审视、去了解、去分析持续涌现的新情况和接踵而至的新问题。

最后，创新性原则。创新是一个民族不断前行的动力，又是推动一国稳健发展的重要力量，能够为思想政治教育学科注入新的内在驱动，促使其更新发展理念。创新性原则需要结合客观情况予以落实。一方面，我们在完善高校思想政治教育机制时需要加强对传统教育方式的创新性使用；另一方面，应注重全新教育方式的探索与归纳，从中选择最优。此外，对其他学科机制建设实践成果进行学习和借鉴，以便为思想政治教育机制建设方式的多元化发展预留更多试错空间。

7.1.2 高校思想政治教育协同育人的资源整合驱动机制

开展大学生思想政治教育活动是高校本职工作之一。高校教育兼具科学性、系统性与长期性，在整合高校现有教育资源时，应做到“全员育人、全过程育人、全方位育人”，[①] 并实现思想政治教育协同育人机制的落实。高校

① 十八大以来重要文献选编：下［M］. 北京：中央文献出版社 .2018.

的工作内容主要有教育、管理与服务。在当前阶段，教书育人理念早已与学校实践活动实现融合，不过管理育人与服务育人尚未得到淋漓尽致的体现。

（1）实现思想政治理论课教师与非思想政治理论课教师协同育人机制，着重培育专业课教师的思想政治理论素养。

首先，高校增设思想政治理论课程，定期举办培训活动，并要求专业课教师积极参与其中。通过学习，使专业课教师知悉思想政治教育育人理念及目标，使其了解思想政治教育内容及所用方式方法，鼓励专业课教师在实践教学中对所学知识进行活学活用。当思想政治教育与专业课教学实现有效衔接，“双赢”目标很容易实现。

其次，思想政治理论教师与非思想政治理论教师彼此应“结成对子”，他们通过“面对面”“一对一”的交流，着重进行教学大纲的拟定，一方面需要契合各自专业教学需要，另一方面能够促进学生思想政治理论素养的提升。在实践教育活动中，高校需要密切关注思想政治理论课教师表现，对其现存疑难问题进行指点，提供解决思路。

最后，高校举办教育活动，实现非思想政治理论课教师职业道德提升。高校的主题宣传活动应向着多样化方向发展，征文比赛、道德主题演讲等均可。同时，高校在媒介宣传中树立标杆，发挥其模范带头作用；聘请专家为教师举办专题讲座，为教师答疑解惑，优化其教学理念，避免只教书不育人、表率作用不强等问题出现。对于专业课教师而言，其应始终具有与时俱进的发展意识，注重自我思想政治理论素养与职业道德的大幅提升，用严谨的学术态度、高尚的职业品德、得体的言行举止等赢得学生肯定，并对其产生潜移默化的影响。

（2）促进教育与管理融合，将思想政治教育纳入学校管理。首先，管理者应时刻铭记“管理也要育人”的理念，优化自我管理意识，提升当前管理水平和自我素养意识，通过学习知悉当前的不足之处并加以优化，以学校规章制度为准，做到严以律己。其次，管理者应注重自我思想与具体行为的结合，通过思想政治教育活动和自我言行举止使大学生意识到思想政治素养的重要性，以管理者为样本进行学习。最后，在日常管理工作中，管理者应基于科学理论完成现代管理制度的创建和完善。同时，管理者应践行“以生为本”的理念，分析学生特点和客观所需，聚焦其心理需要和思想状态，创设平等、自由、民主的管理环境，优化当前的管理模式，实现对各类管理载体的综合应用，伴随着管理活动的持续深入，使大学生拥有更多的思想政治理论素养。

（3）促进育人与服务融合，让育人理念融入至高校服务过程中。服务育人拥有其自身优势及特点。在高校内，负责宿舍管理的工作人员需要尊重学生的主体地位，关心学生，有条不紊地开展学校宿舍工作；负责高校食堂工作的服务人员应具有吃苦耐劳、积极奉献的精神，塑造艰苦朴素、热情洋溢的服务形象；负责高校绿化事宜的工作人员应做到尽职尽责，结合校园绿植特点，培养出形态各异的植物，将美化校园环境视为己任。在以上服务人员的努力下，学生能够被他们兢兢业业的工作精神和高水平职业素养打动。服务育人具有潜移默化和润物细无声的特点，这种优势是教书育人、管理育人不具有的。当我们有意识地促进育人与服务融合，能够更加发人深省，诱发学生思考。因此，高校应注重座谈会举办、各类培训活动开展，在不影响服务人员工作的前提下，鼓励服务人员积极参与其中，将育人思想内化于心，强化其育人意识。此外，高校有必要为学生提供在校服务岗位，为学生参与校园服务提供契机，此举能够培育学生的奉献精神与为人民服务意识，又能够借学生角度审视学校服务系统，进行查漏补缺。

总之，高校应注重校内全员育人机制形成，一方面，基于教书育人、管理育人、服务育人构筑协同育人机制，将“育人理念”落实到实践活动中。另一方面，从微观角度出发，促进以上领域内各要素协同合作。如此一来，思想政治理论课与非思想政治理论学科间的相互渗透力度定会有着大幅改变。

7.1.3　高校思想政治教育协同育人的过程驱动机制

任何工作的开展与落实都不是一朝一夕的，这是一个循序渐进的持续性发展过程。因此，高校需要从宏观角度和长远角度出发，基于学生特点和现有教育资源，打造一个各阶段相连、各环节紧扣的育人机制，使其为高校思想政治教育服务活动提供助力。

1. 建立健全入学教育机制

在大一新生步入校园之时，高校就应着手举办思想政治教育活动。首先，举办党团宣传活动，在各种新兴媒介的帮助下，对共产党人的先进事迹进行宣扬，用共产党员高尚的品德素养唤醒大学生为人民服务的意识。其次，通过举办专题讲座，为大一新生知悉学校发展历史提供可行路径，为其介绍历届优秀毕业生及其事迹，确定学习样板，有效激发大一新生奋发向上、愈挫愈勇的品质。再次，在了解学校机构设置、规章制度等方面为大一新生进行指点，答疑解惑，规范其言行举止。最后，进行理念信念教育，赋予大一新生更多责任感与荣誉感，鼓励其树立自我发展目标，为个人成为国家栋梁而努力向前。

2. 完善心理健康教育机制

心理健康教育难以一蹴而就，这一活动应贯穿大学各个阶段。首先，对于心理健康教育机构而言，应立足于现实，完成心理健康教育年度计划拟定，持续强化学生心理保健意识，优化其心理素质。其次，心理健康教育机构应加强高资质心理咨询师的引进，保护咨询者隐私，结合问题出具多种援助方式和指导方案。促进学生个体咨询案例形成，对于那些心理问题较为严重的学生及时进行转介。最后，心理健康教育机构应具有防患于未然的意识，定期举办心理危机预防及干预活动，将心理危机排查制度落实到位，建设心理危机干预机制，抑制心理危机问题出现。

3. 强化提升就业创业指导机制

大三和大四的学生面临着就业选择，在就业抑或是创业环节中，大学生想要取得与预期相符的发展成果，不仅需要拥有丰富的专业知识与高水平专业技能，还需要树立正确的就业观与发展理念。因此，高校需要将思想政治教育融入就业指导中，从思想意识角度出发，促进其就业竞争力的提高。理想是学生奋发向上达成最终目标的动力支撑。崇高的职业理念能够让学生不忘初心，坚定信念，在职业选择与实践工作中实现成长，在集体要求与个体追求之间找寻新的平衡点，促进自我价值的体现。高校应主动与企业建立合作关系，举办就业形势分析会议、企业家创业分析会议，为毕业生了解行业发展特点、岗位要求、实际就业形势等创造诸多利好条件，在就业创业道路上做出正确选择。

伴随着时代变迁，教育主客体所处内外部发展环境有着较大改变。对于广大思想政治教育工作者而言，他们应加强对现有各类载体的了解和分析，并基于其优势，完成多角度、全方位的思想政治协同育人机制。

一般来说，谈话、开会、理论教育均属于传统载体。在思想政治教育活动中，需要从多个角度出发加强对传统和现代载体的了解和应用，促进两者固有优势体现，并加以整合，促使教育辐射面积扩大，增强其渗透性，强化大学生思想政治素养，促进正确社会主义价值观的形成。面对教育实践活动，教育主体需要加强对被教育者具体情况的了解，尊重学生特点及诉求，在思想政治教育活动中筛选具有可行性的载体，避免一种载体的反复应用。譬如，文字和各种条例难以得到理工科学生青睐，如果选用传统理论教育载体难以取得与预期相符的教学成果。以此为背景，教育者应根据学生特点将那些大家喜闻乐见的载体作为首选，比如传媒载体、活动载体，并促进两者融合，提升思想政治教育实效性。客观而言，世界上并不存在十全十美的载体，无论是传统载体抑或是现代载体均是利弊并存。在思想政治教育实践活动中，使用者需要基于其优点和短板进行组合，促进其优势互补，获取扬长补短的效果，助力思想政治教育实践活动及其目标达成。

在当前阶段，高校的合作意识、合作积极性、高校间举办的交流活动及合作类型等均呈逐年递增之势。只是，不同学科间的互动行为过少，彼此协作次数不多，影响了优质教育资源存在价值与实践意义的充分实现，不利于高等教育人才培养目的实现。院校不同，其育人优势各有特点，通过分析院校教育理念、硬件设施、师资力量、学生学习氛围等能够知悉其具体优势所在。伴随着思想政治教育校际协作机制确立，高校间存在的“隔阂”能够被打破，在参与主体的引领下，教育资源能够实现优化配置，得到共享。1999 年，国内高校、本专科院校纷纷落实扩招政策，高校大学城犹如雨后春笋般不断涌现。在同一城市中，高校规模和数量持续扩大，其分布呈集聚趋势，彼此间的地理位置很接近，这一客观事实给区域性高校联合培养机制的确立提供了诸多便利条件。自 2010 年以来，高校办学理念持续优化，高校间的合作共赢之举得到愈来愈多教育从业者的肯定，资源共享行为备受推崇，高校联合培养机制的创建与完善成为可能。

区域性高校能够吸引各校思想政治教育专家集聚，就培养目标、课程体系、培养模式等展开讨论。来自不同高校的思想政治教育专家往往是该学科领头羊，无论是成功教育实践经验，还是思想觉悟与思想政治理论水平均高于一般学科老师，由这些专家共同商讨所拟定的培养方案、课程体系及培养模式等具有一定可行性，值得信赖。据悉，在高校间的互访活动中，教师与学生是主要参与主体，每年高校都会举办校际互访活动。首先，通过课堂听课、设计教学方案、参加教学研讨会议等，高校思想政治教育教师能够实现教学经验累积；其次，体验其他学校思想政治教育活动，观察和感受其他学校同学们品行兼优的学习态度，能够使其意识到自己与他人之间的差距。此外，此类活动的举办需要得到政府抑或是各校提供的经济支持，设置专项经费，促进此类活动的有序推进。

一般来说，文科类院校开设的文史类专业其水平要优于理工类院校，尤其是在思想政治教育研究领域内，无论是广度、深度，还是教育资源丰富程度均有着明显优势。在教授思想政治理论课与哲学社会科学课程时实现了成功实践经验的累积。在这种情况下，那些教育优势明显的院校应具有互帮互助的意识，向那些思想政治教育教学基础过于薄弱的院校伸出援手，共享优秀教学案例，在设计教案等方面给予指导。高校间分享特色思想政治教育资源，为区域内高校提供更多便利条件。对于高校而言，应增设优秀思想政治教育公开课，并提前将课程信息传递至各院校内，对参与人数进行统计，并通过讨论，协调具体上课时间。不同于传统教育方式，网络教育能够摆脱时空等客观因素束缚。大学生能够通过网络课堂直播、观看教学视频资料等实现对学习内容的获取。同时，高校还可以面向广大学生推出“官方公众号”，提供思想政治教育精品课程回放，鼓励学生利用碎片化时间投入到学习中。再次，安排专人负责优质课堂资源的梳理、分析、统计和更新。最后，鼓励教师在各高校间任职，鼓励高校学分互认、课程互换等。

高校应基于现有资源和实际所需定期聘请行业权威人员前来举办讲座：一是分享自我科研成果；二是为广大师生答疑解惑。在与行业内权威人士进行一对一交流时，学生能够顺势领略大师风采。一方面，学生视野能够得到拓展，现有知识储备量能够得到增加；另一方面，能够唤起学生对这门学科的热爱。学生对祖国方针政策有正确了解，其共产主义信念能够得到进一步强化，主动做到严以律己。思想政治教育是从思想意识领域出发武装头脑，唤醒个体为人民服务的意识。培养高素质社会主义建设者与接班人是高校不容推卸的职责。据了解，科学文化与思想道德素质是其中的重点。具体来看，科学教育是人类在认识和改造世界时逐渐累积的各种理论、概念、原理公式等。

7.2 高校思想政治教育协同育人的运作机理

人文教育的重点有三：一是促进人文知识传递；二是促进价值体系确立；三是实现对精神世界的打造。在适用范围、作用影响方面，科学教育与人文教育各有特点，如果能够将两者融为一体，大学教育内容定会愈加丰富。同理，如果能够分别将存在于科学教育和人文教育中的思想政治教育资源提取出来，通过协同育人互补机制的形成促进两者融合，势必能够取得与预期趋于一致的实施效果，促进学生科学知识量增加，进一步强化其科学精神、助力个体健康成长和全面发展。

7.2.1　高校思想政治教育协同育人的跨界融合机制

高校应具有创新教育理念的意识，加强理工科院校与文史类院校的合作，促进科学精神与人文精神结合，一改过去高校“重科学、轻人文；重知识传播、轻道德精神培育”的教学偏见。高校想实现高素质人才数量和质量增加，则需要具有大局观，丰富专业内涵，打破文理分家的局面。首先，在文史类专业中增设科学教育基本课程，实现对科学知识及科学精神的传播；其次，在理工专业中加强人文学科建设，鼓励科学精神与人文精神持续渗透。

高校应注重渗透机制的建立和完善。首先，通过人文教育向科学教育渗透机制确立，选用课堂阐述和潜移默化的形式，将那些人文知识、人本思想、人生价值和理想等告知理工科学生，优化其思想道德素质，提升其道德修养和责任意识。同时，高校应基于所需积极邀请文史类院校教师与理工类院校专业课教师进行交流，彼此分享教育经验，授课心得，实现“互通有无”，使理工类院校专业教师加深对思想政治教育的了解，拥有更多人文知识、责任意识，以便给学生带来耳濡目染的影响。此外，理工类院校应在文史类院校的帮助下增设人文素质课程，为理工科学生提供更加优越的人文知识学习环境，让他们切身感受人文气息的特点及作用。其次，完成科学教育向人文教育渗透的机制。比如，将科学教育课程纳入文史类院校，丰富学生科学知识储备量，邀请理工类院校的专业教师对科学概念、原理、注意事项等进行分析，并做全面解读。

对于学生而言，伴随着科学知识量的增加，其认知能力、问题解决能力、改造世界的能力会持续攀升。文史类院校在不影响日常教学节奏的前提下，可以联合理工类院校为学生参与到科学实验中提供机会，让他们切实感受科学实验的严谨性与一丝不苟的科学精神。文史类院校在与理工类院校达成一致的情况下，邀请科学家或在科学研究道路中有一定建树的学者前来举办各类专题讲座，让学生从中领略科学文化具有的独特魅力，努力培养学生对科学的兴趣。在学生成长阶段，科学教育与人文教育同等重要，不应有所偏颇。高校应注重科学教育与人文教育融合，要求学生兼顾科学文化知识学习，巩固其人文精神，此举能够让学生从多个角度去审视自己，突破狭隘的自我，在探索自我存在价值的同时，实现健康发展。

在高等教育活动中，思想政治教育处于核心地位。思想政治教育活动的启动与持续进行并非易事，需要在党的引领下，取得社会各界的支持，当学校、家庭和社会做到同心协力，各育人要素得到整合，思想政治教育所具有的主动性、针对性及时效性才有可能实现改变。因此，高校应加强对以下两项工作的关注：一是各种有益教育因素的获取、分析和应用，二是完成大学生思想政治教育协同育人校外联动机制的创建与完善。不同于家庭教育和社会教育，高校是专业的教书育人机构，无论是教育经验、教育资源还是教育成果均优于两者。首先，高校应本着抓主放次的原则将思想政治教育理论课程改革视为重点来抓，梳理和分析传统思想政治教育理论课程的存在价值和实践意义，促进现有课程体系适用范围拓展，优化当前教育教学方法，避免教学方式与现实生活相脱节。其次，拓宽教育渠道，积极探索新的育人方式，注重育人经验累积，使大学生拥有更高的思想道德素质，实现自我科学文化水平提升。最后，持续优化思想政治教育队伍，以事实为依据，深挖队伍成员内在潜力，“既要发挥思想政治理论课教师、哲学社会科学课程教师、辅导员以及班主任的主体力量”，又需要时间对校外教育资源进行合理应用。

从理论角度来看，大学生所具有的品格、思想政治理论素养与其接受的家庭教育有着密切关联。因此，有必要将家庭教育顺势融入思想政治教育协同育人机制内。经过分析能够发现，在家庭教育中，家风教育给学生带来的影响最为明显。家风是某一家庭历经几代人逐渐形成与思想行为有关的文化沉淀，是先辈留给后人的文化遗产。家风教育有着润物细无声的作用，能够在潜移默化中纠正学生行为，促进其甄别能力和正确价值观的形成。对于家长而言，应注重和谐家风的构筑，主动投入到大学生思想政治教育活动中，赋予学生独立自主、勤俭节约、团结互助、奋发向上的精神。首先，家长应做到言行一致，成为学生的榜样。家长的优秀品质与作风是学生不可或缺的主体力量。其次，家长应注重民主、和谐、自由这一良好家庭氛围的营造。轻松愉悦的家庭氛围能够让学生养成敢于表达自我观点，主动与父母沟通的好习惯，且有助于其健全人格的形成。最后，在学校和家庭之间注重沟通机制的确立。

社会是一所无言的学校，又是一个大染缸。社会应始终坚持正能量的弘扬，注重正面舆论引导。不可否认，社会中客观存在很多不文明现象，不过也有诸多正能量，他们具有强烈的奉献意识，能够做到舍己救人；他们坚守在平凡岗位书写不平凡的一生；他们坚持信念，为打造小康社会增砖添瓦，贡献一己之力。如果将这些先进人物、感人事迹融入高校思想政治教育，一方面能够丰富其教育素材，激发学生的学习积极性，另一方面有助于现有教育成果的巩固。

在当前阶段，产业资源、教学资源、科研资源彼此相分离的现象司空见惯，学校教育与企业对接不理想，大学科研与教学相分离等问题屡见不鲜。在开启思想政治教育时，需要从整体角度出发，加强对现有资源的合理应用，并促进产学研联动育人机制完善。高校应具有与时俱进的发展意识，破旧立新的勇气，摆脱传统思想束缚，具有“大学术”观。该观点认为，教学、科研均是学术的具体表现，科研应服务于教学，高校需要促进最新科研成果与教学的融合，为教学实践活动的进行奠定基础并提供理论性指导。毕业后的大学生将会正式步入社会，走向具体工作岗位。此时，高校思想政治教育有必要从企业角度出发，促使学生拥有良好的职业精神、道德和素养。譬如，质量观念、创新意识、竞争意识、敬业精神等。高校需要将以上精神理念慢慢融入思想政治教育等核心理念。同时，注重高校学生思想政治教育途径的进一步拓展。高校为大学生安排校内企业导师为其指点迷津，举办优秀员工交流会鼓励大学生参与其中，对其进行职业意识教育。

一般来说，传统思想政治教育习惯性选用面对面的交流方式进行教育内容的宣导和传递。这种教育方式为教育者及时了解被教育者思想动态，优化教育内容，调整教育模式等提供了可行路径，其教育效果与预期趋于一致。只是，面对面交流会受到时空等客观因素所限，关键我国教育资源数量有限，如果选用一对一的教育方式，难以兼顾所有被教育者，个体隐私还存在被泄露的风险。伴随着互联网技术的应用，网络教育强势崛起，在高校思想政治教育活动中得到广泛应用。网络资源总量多、类型杂，需要进行筛选，将那些虚假、负面的信息资源摒弃在外，避免产生负面影响。因此，高校应注重线上与线下教育活动的结合，以此为基础，开展思想政治教育工作，以便获取一加一大于二的教育实施效果。

7.2.2 高校思想政治教育协同育人的纵向贯通机制

在开展思想政治理论课时，高校将教师与学生面对面的授课方式视为首选，实现教学内容的精准传递。同时，促进授课方式的多元化发展，加强对社会实践活动等体验式教学活动的合理应用，促进其作用的发挥。对于线下思想政治教育辐射不到的领域抑或是优势不明显的领域内，充分发挥线上教育优势。高校应坚持初心，安排专人负责思想政治教育主题网站的创建，丰富网站内容，定期发布优秀人物事迹、具有积极引导作用的图片及视频等，弘扬文明与正义精神。此外，依托电子平台为教育和其他教育者有效沟通，大学生即时交流，大学生释放个性等创造网络空间，允许其自由畅谈，针对时政热点各抒己见。线上思想政治教育活动的开启有助于高校及学科教师第一时间了解学生思想动态及意识观点，此举为后续教育工作的优化提供了必要参考。激励有助于思想政治教育效果的提升，在它的作用下，被激励者能够处于一个良好的状态中，甚至可以改善高校当前的教育水平。高校应注重激励机制的创建和完善，激发教育者和被教育者的积极性，在促进协同育人目标实现的过程中，获取事半功倍之效。

从总体角度来看，人的需求有物质需求和精神需求之分。激励也是以物质、精神为核心予以展开的。高校在构筑物质激励与精神激励相结合的机制时应注重以下三点。首先，物质激励与精神激励协调发展。货币及实物奖励是物质激励的常见形式，表彰及荣誉称号授予是精神激励的主要表现形式。平心而论，物质激励与精神激励兼具优势与短板，只有两者结合才能取得理想的效果。其次，立足于现实，持续完善激励方式。激励方式应契合实际情况与客观所需，如果无视具体情况任意选择激励方式，较易收到适得其反之效。此外，应注重激励方式的多元化、创新性发展，避免一成不变。最后，把握激励的强度，减少激励过度或激励不足等情况出现，否则极易挫伤教育者或被教育者的参与热情和积极性。激励机制的适用对象除却教育客体以外，还包括教育主体，做到两者兼顾。究其原因在于，教育是教育主体与教育客体的结合，两者缺一不可。

进一步分析，如果只是激励教育主体，虽然教育主体的教育热情会大增，但是未必能够取得理想教育效果。如果只是激励教育客体，主体的积极性被忽略，教育效果同样无法实现质的提升。因此，在激励领域内，需要将教育主体和教育客体提升至同一高度，并注重两者融合。只有同时激励教育主体和教育客体，两者的积极性才有可能被激发。因此，高校应注重教育主体激励与教育客体激励彼此相结合机制的形成。

高校应基于“协同育人”的原则创建激励机制，明确激励措施，在思想政治教育协同育人目标的引领下，激励教育主体优化自我育人水平，注重交流与育人经验共享。另外，尊重教育主体提出的不同诉求，借用调查方式，对教育主体真正所需做全面了解。除却物质需求以外，需要为教育者自我能力强化提供更多利好条件。譬如，高校推出具有针对性与可行性的激励措施，做到奖人所需，激发育人主体工作积极性，力求做到奖赏分明，提升奖惩制度透明度及适用性。伴随着激励措施的全面实施，高校加强对反馈信息的采集、统计和梳理，为优化激励机制提供更多有益参考。

从实践角度出发，促进大学生自我激励内容体系完善，完成评价指标的创建与健全。比如，教师有意识地将学生的思想政治素质、行为方式等纳入综合评价体系内，将其视为评优标准，为激励措施拟定提供参考数据。教育主体应尊重学生主体地位，在部分领域内适当“放权”，“要以学生的自我教育、自我服务、自我管理、自我决策为主”，教师应注重自我引领作用发挥，在学生解决问题时伸出援手进行激励。鼓励学生在目标激励、格言激励等多种方式的综合应用下，拥有奋发向上的意识，塑造一个更好的自己。

大学生思想政治教育较复杂，这一个包括诸多要素的系统，高校想要如愿促进思想政治教育系统育人目标达成，应结合每一环节促进保障机制的形成。通常来说，物质保障机制的构成要素有资金、网络平台等，现通过以下章节对其做深入分析。对于思想政治教育活动而言，充足的活动经费不可或缺。高校应基于政治教育发展要求准备活动资金。活动资金的来源有地方拨款、社会捐赠等方式。只有资金到位，高校政治教育活动才能顺势启动，满足管理、服务、建设等各环节存在的资金缺口，助力思想政治教育理论研究活动，为实践活动奠定坚实的物质基础。高校应创建和完善思想政治教育网络平台，基于这一学科特点及授课规律等增设专门的教育网站，推出红色文化宣传网页，设计智能小程序使其应用至多媒体客户端。当思想政治教育方式契合大学生学习习惯，定会受到欢迎。同时，高校需要实现对计算机网页设计费用及维护费用的核算。在开展思想政治教育前，高校需要为其提供必要的场地。比如特意打造心理疏导教室、预留谈心空间，通过物品陈设打造轻松惬意的氛围。高校可以增设专门的思想政治教育书籍浏览室，加强对书刊资源的优化配置，定期组织大学生前来接受“熏陶”，丰富其理论知识储备量，进一步强化其学习意识。

高校教育工作的组织与执行依赖大学生思想政治教育工作队伍作业，这也是思想政治教育必不可少的推动力量。以此，高校健全大学生思想政治教育队伍保障机制，促进专业化人才队伍形成是其中的工作重点。在筛选队员时，高校应严把用人关，面向社会网罗人才，通过公开招聘的形式吸引优秀人才加入其中。此外，高校应注重队伍结构的适度调整，组建一支“老、中、青”相结合的思想政治教育队伍。

具体来看，在招聘或引进思想政治教育工作者时，高校应兼顾以下影响因素：一是应聘者是否拥有研究生及以上学历；二是应聘者是否拥有教育管理类、思想政治教育专业等学习背景；三是应聘者是否拥有坚定的政治立场；四是应聘者的沟通表达能力是否满足需求，五是应聘者是否具备管理实践经验；六是应聘者是否担任过学生干部等职位。高校需要通过教育培训活动的举办，促使思想政治教育工作者拥有更加丰富的理论知识，并注重以下工作的落实。借助岗前培训活动持续深化教育者的思想理论水平、专业能力，赋予其更多责任感与荣誉感，并将刚入职教师作为主要培训对象，着重强调思想政治教育经验及管理技巧的重要性。有些教师一心扑在学生身上，忽略了对前沿研究理论的了解；有些教师在正式入职后，其思想难免松懈。因此，伴随着学习及培训活动的开展，教师能够顺势加强对前沿学科理论的全面了解，分享他人教学技能及经验，拥有更加先进的教学理念，其思想政治教育责任意识及育人水平定会得到不同程度的改善。在年度考核、职称评定和职务晋级等工作中，高校需要秉承公平公正的原则，将教师的思想政治教育工作成果视为重要参考，促进教师主动性的提高，主动投入到思想政治教育实践活动中。

此外，通过专门办事机构的增设，各育人主体之间的联系能够得到进一步加强，为协同育人机制的健康运行提供新的驱动力。专门的办事结构肩负着以下重任：一是实现对高校思想政治教育协同育人的统一领导；二是从多个角度出发，对高校思想政治教育协同育人工作进行全面负责，并注重顶层设计科学性的保持。该机构成员包括各高校的校党委书记、副校长，其职责是从全局角度出发，兼顾高校所处内外部环境以及高校间的内在逻辑关系，制定协同育人发展目标、育人内容、育人方法和协同育人机制运行效果所对应的评估条件，将机制调控方式、机制监督和完善等落实到位。以上工作的制定和执行，会为协同育人工作指明正确发展方向，对于那些偏离协同育人理念的行为进行纠正。高校应注重校际思想政治教育工作组的形成，该组的负责人多由各高校党委副书记担任，小组成员以各高校内的党委书记为主。对于思想政治教育校际协同育人工作组而言，需要兼顾以下工作：一是促进各高校间的联系；二是为各高校举办学术交流活动提供帮助；三是鼓励各高校负责人将协同育人理念及协作意识内化于心，为协同育人机制的创建和完善奠定基础。

高校内部应注重联动工作机制的形成，集结多方力量，比如学校党委办公室、党委宣传部、团委、后勤等。在实践工作中，高校应做到定期举办专题会议，将各部门之间的协作视为讨论重点，继而促进当前思想政治教育协同育人效果的提升。高校为促进高校外思想政治教育协同育人工作的有序推进，应基于现有资源增设与之相对应的组织机构，由其出面负责高校与家庭、高校与科研机构、高校与企业、高校与网络媒体等不同校外育人主体之间的沟通与合作事宜，通过对多种方式的综合应用，促进校内外教育工作的持续深入，将当前的思想政治教育理论及科研成果传递给校外育人主体，促进现有资源的共享，互通有无，实现优势互补。

简而言之，国内学者及教育从业者加大了对大学生思想政治教育机制的关注，与之有关的研究活动持续增多。机制是一个兼具隐形与复杂化特点的特殊系统，在分析和梳理思想政治教育教学规律，深究思想政治教育实践意义时发挥着重要作用。从辩证角度来看，机制建设活动并非十全十美。在高等教育改革中，“协同育人”是改革的亮点。协同育人中蕴含的合作、互动、分享等观念为高校解决与研究思想政治教育教学问题提供了新的思路。如果高校能够促进协同育人理念与思想政治教育机制的融合，一方面有助于大学生思想政治教育协同育人机制的形成，另一方面可促进该机制适用范围的扩展与实践意义增强。

7.2.3　高校思想政治教育协同育人的横向拓展机制

在当前的社会背景下，高校想要促进思想政治教育协同育人目标实现并非易事，需要做到以下几点：一是以正确的价值观为导向；二是立足于现实，完成顶层设计方案的制定；三是促进制度保障体系的确立。随后，聚焦协同育人现存问题，主动探索切实可行的育人路径，以便获得事半功倍之效。在思想政治教育活动中，人员是必不可少的组成要素。在思想政治教学协同育人中，人员始终处于主体地位。以人的存在形态理论为参考，吸引多元主体参与其中，想要真正实现全员育人，应通过整合个体要素、强化群体关系要素、建设社会整体系统完成协同育人全新格局的构筑。

以多元主体对应的职能为参考，可以将多元主体细分为四种：一是管理主体；二是实施主体；三是接受主体；四是支持主体。管理主体包括党政与共青团干部。党政干部在当下党委的引领和支持下负责制定思想政治教育协同育人工作组织的构筑与具体工作的落实等；共青团干部是后备军，其主要职责是配合党政干部及相关工作的实施。党政和共青团干部在协同育人的过程中应注重主体职能彰显，理解并尊重合作成员的选择权、知情权与参与权。面对协同育人推进过程中的问题，通过班主任、教师和辅导员等实施主体，采用民主协商的主要手段，调动所有参与成员的工作积极性。在思想政治教育环节中，教师发挥主导作用，应始终遵循育人规律，左右协同育人的活动方向，对其他成员的“违规”之处进行纠正。

教师与辅导员应践行重本弃末的原则，探究学生成长规律，知悉其内心思想，改善其不良行为和错误观点，促进思想政治教育协同育人目的达成。接受主体非学生莫属，在思想政治教育协同育人活动中，学生是被服务对象。随着该项活动的有序推进，一方面学生潜藏于心的主观能动性能够得到有效激发，另一方面其思想政治素质能够顺势得到改善。支持主体包括财物及后勤人员等。在育人环节中，支持主体应通过自我专业技能彰显、敬业精神体现，给学生带来潜移默化的影响，力求为高校协同育人整体工作保驾护航。

在群体中，人与人之间的整体性和联合性能够得到淋漓尽致地呈现。在现实生活中，人从来都不是孤立存在的，而是与他人之间存在密切关联，属于是群体中的一份子，基于人与人之间的关联，慢慢形成了具有相对稳定性特点的社会关系。根据历史分析，可以将高校思想政治教育协同育人活动看作是一项群体性活动，且获得了多元主体给予的助力。在和谐群体关系中，多元主体应兼顾以下三点：（1）统一追求目标。据悉，高校思想政治教育协同育人主体均有属于自己的“子目标”，并为之努力。多元主体在主流社会价值的引领下，应通过双向沟通，激发情感认同，促进价值认同，明确互惠共赢目标，助力高校人才培养活动的有序推进。（2）统一活动规范。由高校创办的思想政治教育协同育人活动并非是凭空想象和任意发展，这是一项“有原则”的活动，需要集结多元主体之力，为避免出现混乱，有必要将法律条例和行业规范奉为圭臬。（3）强化多元主体统一行动能力。在互动环节，尊重多元主体提出的诉求，促进其主体性与能动性发挥，持续优化思想政治教育协同育人理念所具有的公信力、影响力和知名度。

高校思想政治教育协同育人是一项大工程，为增强多元主体存在价值与积极性，有必要促进多元主体协同合作综合机制的构筑。一是领导机制。在高校思想政治教育工作中，高校党委处于核心地位，关系到教育工作成果的增减。因此，需要在党委的统一引领下，对顶层设计作必要优化，对总体战略布局进行统筹规划。党委鼓励各主体进行有效联动。二是协调机制。深挖各主体的主观能动性，明确其定位，对各主体间的内在逻辑关联做适度调整，促进个体与群体能动性的融合。三是保障机制。对于高校创办的思想政治教育协同育人工作而言，所需保障要素有人力、物力和财力。高校及多元主体应本着未雨绸缪的原则主动争取地方专项资金、社会各界力量提供的捐赠等，尽可能实现资源共享。同时，通过物质与精神激励，强化育人主体参与意识，促进其功能及积极影响作用发挥。四是评估机制。创建一个专门的评估中心，借助观察法、一对一访谈法与问卷调查等方式方法从多个角度出发加强对协同育人现状的了解，并做出客观评价。五是监督机制。立足于现实，组建监督小组，知悉各主体思想观点，梳理现存问题并加以解决，促进主体协同关系的有序推进。在高校内部，多元主体应具有全面发展的思想认知，将协同育人观念融入相关工作。

部门协同应着眼于大局，从宏观角度出发促进思想政治教育协同育人工作目标达成。作为参与主体的高校应将校长责任制落实到位，做到党委与行政携手并行，促进层级式部门管理体系形成。

部门协同要求各部门通过部门职能体现，培养友好合作的育人关系，为部门协作育人体系的创建做良好铺垫，将助力学生健康成长视为所有工作的目的，做到部门协同。在思想政治教育工作中，高校内的党务群团部门、各学院、教辅及直属部门等均发挥着重要作用，具有一定职能。党务群团部门作为其中的核心，拥有管理职能，其存在价值能够通过高校思想政治教育协同育人工作的提出与组织得以体现；行政职能部门习惯性在党务群团部门的引领下将思想政治教育协同育人工作落实到位；在思想政治教育协同育人工作中，各学院扮演着执行者的角色，负责具体工作实施，搜集信息并加以分析，最后反馈至管理部门；教辅和直属单位同时扮演着支持者与执行者的角色，一方面为思想教育工作的有序推进提供海量资源，另一方面对协同理念及活动进行宣传。部门不同，面对的职责不尽相同。各部门需要兼顾自我职能履行和思想政治教育工作，与其他部门建立合作关系。

对于组织部与人事部而言，需要将部门协作的考核事宜落实到位；对于高校党委与团委而言，需要将领导和建设部门协作作为重点来抓；对于后勤和心理指导中心而言，应促进协作行为向着规范化方向发展；对于学生处、科研处而言，需要不遗余力地做好协作的学业建设工作。基于思想政治教育协同育人工作的要求，对习近平总书记提出的“立德树人”做深入解读，并将其作为根本任务，激发各部门协作意识，促进凝聚力与向心力形成，致力于中国特色社会主义新青年的培养。注重激励和奖惩制度的制定与执行，深挖部门工作者的内在潜能，提升作业效率。同时，持续优化部门整合度，进一步强化部门工作人员的合作意识，为部门协同育人活动的顺利开展奠定基础。充分发挥部门具有的育人职能，整合现有资源，加强组织设计，切实满足高校发展战略所提出的诉求。

由协同理论中的伺服原理可知，部门协同其实是各种变量发挥影响作用，促使协作由无序顺势向有序转换。这里的变量有部门结构、部门间的交流机制、部门利益等。因此，根据客观所需，在构筑部门协同育人综合机制时，需要对现有变量做全面了解，力求通过量的累积实现质的改变。首先，对部门结构加以分析，持续强化领导机制。依托部门领导机制促进协同育人目的达成，并秉承与时俱进的原则对具有滞后性特点的高校教育体制及管理体制进行改善，创建交互型“整体性网络”，完成部门协同工作委员会的增设。通常来说，校党委办公室负责部门协同工作的提出，然后接受高校教职工与学生代表大会的审核，通过后明确部门日常工作内容。其次，完成部门协同育人工作小组组建，优化协同机制。从结构来看，部门协同育人工作小组成员由各部门负责人担任，负责协调部门工作，促进思想政治教育协同育人理念与实践活动融合，改善部门协作效率，减少工作时间损耗。同时，育人小组应定期举办主题会议，聚焦现有问题展开激烈讨论，并制定具有针对性的改进建议。再次，形成部门协同育人监督小组，持续优化监督机制。

各部门拥有的地位和发挥的作用并不相同。客观存在的不平衡性会影响工作目的达成。之所以增设监督小组，旨在对存在于协同育人工作中的问题进行排查，知悉部门人员工作状态，对部门衔接中的各种突发状况有着全面而及时地了解，并予以解决。最后，组建部门协同育人评估小组将持续优化评估机制。对于监督小组和协同育人工作小组而言，除却本职工作以外，还需要评估前期设计、中期落实和后期反馈，定期对工作人员的思想状态做出评价。对于协同育人工作而言，切实可行的评估是提升工作效率、优化作业成果的重要利器。部门协同工作委员会、协同育人工作小组、监督小组及评估小组陆续形成，有助于各部门统一发展方向，能够实现和谐民主和自由育人环境，为部门协作提供保障。伴随着部门间合作意识增强，合作深度增加，部门人员职业素质改善，部门协作育人的整体性网络势必能够得到优化。

7.3　高校思想政治教育协同育人的实践机制

组建交叉学科群，为人才培养体系的确立奠定基础。从育人角度来看，课程协同融合具有不容小觑的重要性。当不同课程间能够实现同向同行，定有助于学生德智水平提升。各类课程应深挖自身包含的思想政治教育资源，并梳理两者之间的内在逻辑关联，将构筑课程协同育人体系视为己任。

7.3.1　高校思想政治教育以跨学科协同育人为导向

经过了解发现，无论是专业课程、党课，还是思想政治理论课程均发挥着育人育德的作用，这一点是三者共性特征。三门课程具有“同向性”，它们的办学方向、政治追求趋于一致，对于马克思主义立场、观点及方式方法等均表示认同。三门课程具有“同行性”，其课程中均包含德育资源，兼具思想政治教育作用，只是各自的具体作用存在一定差距。首先，对思想政治教育协同育人而言，作为公共必修课的思想政治理论是主要育人渠道，在深究和宣扬马克思主义理论价值方面优势凸显。其次，通过各类专业课程的开展，学生的专业理论知识储备量和业务技能等均会得到加强。比如，通过学习经济学课程，面对常见经济现象，学生能够进行正确解析。通过学习哲学社会科学课程，学生具有的人文素养能够得到大幅提升。最后，党课为我国执行党储备人才提供了可行路径。通过学习党的发展历史、路线、方针政策等，能够知悉党的先进性与实用性，学生的思想道德能够提升至新的高度。对各类课程进行分析，探究其特点，深挖潜藏于学科间的思想政治教育资源，能够助力协同目标实现。

从理论角度来看，“专业思政”“课程思政”均属于是全新教育理念，它不是将几门不同思政课程任意堆砌，而是从整体角度出发梳理其主要内容，深挖其中包括的德育内容，促进显性与隐形教育结合，有意识将价值观教育融入专业知识，继而达到“润物细无声”的教育效果。课程思政，专业思政的发展，有助于课程协同育人的同心同德体现。首先，一切课程均需要将助力大学生全面成长为己任。加大对课程内德育资源的协同整合力度，着重强调道德规范，在教师引领和鼓励下，促使学生拥有正确的社会主义核心价值观。其次，融合课程内容时应遵循规范性原则。这里的核心原则是始终接受马克思主义理论的指导，基于马克思主义理论对现有问题加以解析。

同时，注重科学性与开放性原则并行。一方面，尊重教育规律和学生身心特点，提倡灵活融合，促进内容科学适用性增加。另一方面，注重开放环境打造，将与时俱进的原则融入其中，做到因时而新，优化课程融合方式。最后，注重融合行为的全面实施。一是促进主动性体现，以事实为据，持续更新融合内容，并促进知识体系形成。[①] 借助新内容打破大学生固有认知，实现新思想、新观念的有效传递；二是促进针对性显现。深入解读学生个性和不同群体的追求及发展原则，为其提供个性化抑或是定制式内容服务，以便契合其内在所需。三是促进时效性彰显。在融合课程内容时，面对客观存在的公共性问题，通过相关举措的落实进行规避，并为学生解决提供正确思路。

在当前阶段，“课程思政”的教学理念尚未在国内得到推广，仅在一线城市中的部分高校存在“课程思政”改革。以上海地区为例，该地区高校推出了“中国系列”创新课程，其中包括《时代音画》《大国方略》。上海师范大学则通过专题沙龙举办，为学生预留自我选择空间，鼓励学生与教学“大咖”展开平等对话。基于成功实践经验促进高校课程思政体现形成需要兼顾以下内容实现。首先，促进高校党委政治核心作用显现。组建“课程思政”指导小组，在课程改革中对顶层设计进行着重强调，以便为课程融合及融合

① 冯刚．探索思想政治教育发展的内生动力［M］．北京：人民出版社 .2017.

效果改善做良好铺垫。其次，促进课程系统机制形成。一方面坚守思想政治理论课的核心地位，积极探索多样化教学方式，将思政理论课显性价值呈现到师生面前。同时，依托协同学中的“支配原理”，持续优化党课与专业课的育人作用，促进党课辐射面和教育面拓展，加强对党课内容的考核力度。

此外，丰富专科课程所学内容，举办特色育人活动。譬如，数学学院——打造数学强国梦、美术学院——绘制中国梦。结合课程融合特点，促进监督与评价机制形成。组建课程监督评价小组，在“头脑风暴法”的帮助下，评价课程协同方案的实用性，对课程协同不妥之处进行梳理，并进行适度调整。形成课程思政体系，避免课程向着“孤岛化”方向发展，改善课程融合度，减少课程趋同等现象发生；持续深化各类课程学术研究活动的纵深度与广度，持续丰富各科授课内容，拓展当前的教学方式；促进各类课程德育价值体现，彰显课程特色。

思想政治教育平台协同育人有助于立德树人这一目标实现。对高校而言，应加强对各类小平台的关注，比如第一课堂、第二课堂（社会实践等）、第三课堂（互联网）等。将高校作为大平台，鼓励小平台助力大平台，集结力量，为学生提供一个和谐民主的育人环境，促进其全面成长。第一课堂的存在价值能够通过知识传授与知识转化得以体现，为教育活动举办提供必要空间；第二课堂是第一课堂的补充，为受教育者验证所学知识提供了必要条件；第三课堂是第一课堂与第二课堂的补充，有助于信息采集、分析和传递，可促进现有信息资源的最大化应用。伴随着以上课堂的合作与联动，课堂有助于校园文化建设成果提升，从而实现平台协同。

第一课堂、第二课堂和第三课堂均具有“育人”功能，随着彼此融合，能够为校园育人提供更多支撑。首先，第一课堂是兼具社会化与个性化特点的教育活动，教师与学生分别扮演着教育者与受教育者的角色。教师会根据学生提出的思想道德所需，满足社会思想道德要求，以课堂互动为载体，促进互教性与自教性相统一。伴随着教师引导与学生自查自省，学生思想道德素养定会得到大幅度提升。其次，第二课堂能够借助社会实践活动对学生知识应用能力进行验证。毛泽东同志曾经指出，“人的正确思想，只能从社会实践中来。”[①]通过青马工程、支教助教、社会组织等活动的举办，顺势激发学生参与热情，继而更新自我认知，并对学生实践活动进行正确指导，如此循环往复，学生的社会实践经验定会呈现出逐年递增之势。最后，第三课堂有助于学生互联网思维的形成。互联网兼具绝对开放性、共享性等特点，一方面能够为知识传递和共享提供可行路径，另一方面能够增强育人功能。对于高校而言，创建校园文化时需要得到以上平台的助力。因此，高校需要加强对三个课堂育人功能的关注，在建设校园文化时，积极打造平台协同育人路径。

由“木桶原理”可知，无论是第一课堂、第二课堂，抑或是第三课堂均存在不足之处。只有将三个课堂协同联动起来，才有可能弱化短板因素带来的负面影响，同时需要使网上网下实现协同联动。具体来看，各平台的短板因素集中在以下方面。首先，第一课堂提倡以教定学，师生间的互动之举具有典型的单向性特点，学生主体地位未得到淋漓尽致的体现。其次，第二课堂过于形式化，实践基地占比过少。再次，网络兼具绝对开放性与虚拟性特点，存在错误认知和不健康信息。最后，校园文化建设特色不足。面对以上情况，在促进和发挥平台育人功能时，需要将以下工作落实到位。一是线上与线下融合，课上与课下融合，统一协同育人目标。以立德树人为目的，以推动学生全面成长为己任，明确“两联动”的影响关系，优化思想政治教育资源，将正能量充满校园。

“两联动”需要以当前的制度规范为参考，加强对高校思想政治教育发展趋势的了解，积极打造“两联动”共在模式，契合高校发展。同时，通过制度规范实施，促进联动作业行为的有序开展，找出主要矛盾，实现对渗透与反渗透、破坏与反破坏等问题的妥善解决。最后，增强“两联动”的行动能力。各类联动活动的举办，激发师生参与性，促进思想政治教育知识的

① 毛泽东著作选读［M］. 北京：人民出版社 .1986.

相互融通，在互动中促进协同目标达成。此外，以目标为导向，优化制度规范，提取“两联动”中的积极因素，增强行动能力，构筑和谐融合具有包容性特点的平台育人环境。

7.3.2　高校思想政治教育搭建协同育人平台

近些年来，在互联网中涌现出诸多教育协同平台，不过并未成为社会舆论予以关注的焦点。平台协同育人是一项借助系统手段将各要素融入协同活动，通过信息资源分享，抑制信息孤岛与潜在风险出现。此时，平台协同育人综合机制应注重自我存在价值显现。首先，注重领导机制形成，始终坚持高校党委领导，加强顶层设计，实现对线上线下、课上课下联动活动的管理。在计算机支持的协同工作技术帮助下，完成学术研究交流平台的打造，建设教学策略交流平台等。交流窗口的增多，促进传统与新型教育方式的相互协作，尽可能丰富高校校园生活。该技术的应用，使优化校园文化建设成果成为可能，图书馆、高校文化广场等公共场所能够得到充分应用。同时做到以文育人，集结力量，着手进行校园主题网站的建设，并赋予其思想性、服务性与知识性特点。

通过资源分享、软硬件设施完善、资金投入力度提升，为平台联动的持续性推进创造各种利好条件。在联动环节，应本着未雨绸缪的原则为参与主体提供保护，避免其合法权益遭受侵害，为联动过程有序开展奠定基础。此外，构筑评价机制。对效果不佳的平台找寻成因提出整改方案；对那些效果理想的平台做进一步改进。最后，完成监督机制的构建。在联动环节中，错误思想认知和不良行为客观存在。因此，为减少其出现概率，有必要对其进行严格监管。一旦发现不协调不合理的情况，要及时进行反馈，明确指导意见，并以现行法律条例为参考，摒弃糟粕文化，打击不健康精神意志，实现对育人环境的持续优化。实现平台协同，还需要坚守初心，努力抓住课堂这一渠道，结合社会实践活动，依托互联网，优化校园文化建设效果，赞颂真善美，贬斥假丑恶。

一言蔽之，高校思想政治教育协同育人需要从总体角度出发，对校内现有教育资源进行整合，协同一切教育力量，持续丰富教育渠道与教育方式，为思想政治教育协同育人创建可行路径，并注重综合机制形成，助力思想政治教育成果提升。

在思想政治教育协同育人机制中，如何促进保障机制作用发挥，加强对机制监管是当前阶段的重中之重。在这一环节中，一方面需要对机制进行适度调整，交换信息资源，另一方面应赋予机制更多稳定性与独立性特点。从理论角度来看，育人机制的总体设计环节是从最高层面出发对其进行统筹规划。从本质角度来看，总体设计的目的是实现机制优化。通常来说，总体设计工作需要通过以下程序得以实现。

首先，明确高校协同育人机制，并对其做总体规划。在整个机制运营阶段，总体设计规划环节是其中的首要任务，又是思想政治教育协同育人机制不可或缺的内在驱动。总体规划着眼于全局，为促进协同育人目标实现对现有因素和资源进行部署。总体规划应具有引导作用，为机制发展找寻正确方向进行指导，契合各参与主体客观所需。同时，这一规划应具有典型的针对性，促进各参与主体融合，实现对各类教育资源的了解和优化配置。

其次，严控高校协同育人机制执行过程。据了解，在机制运营阶段，过程实施环节处于核心地位，事关机制发展概况与机制实用性体现。需要注意的是，判断机制是否存在问题的参考依旧并非是机制是否能够顺利运行。同理，当机制在运行中遇到阻碍，通过调整后顺利恢复正常运营状态，并不意味机制中存在问题。对于高校而言，在过程实施环节，需要将各参与主体的衔接与融合作为重点来抓。一般来说，衔接具有双重含义：一是各参与机制的彼此间的接触；二是各参与主体的新旧育人转变。融合有内外之分：一是指各参与主体与外界环境之间的融合；二是指各参与主体内部融合。

再次，注重信息反馈和数据采集。对于高校协同育人机制而言，在检验和判定其运行状态时，反馈及收集环节功不可没。结合机制来看，反馈及收集可以是整体宏观感受，也可以是细节的数据化体现。数据为教学目标实现、教学效果改善、评价教学成效等提供了重要参考，又是教学评估指标体系不可或缺的资料。作用于协同育人机制的评价指标需要兼顾以下三点：一是教育主体的契合度；二是教育对象的任何度；三是教学实践效果优化程度。

最后，立足于现实，对高校协同育人机制做必要调试。在机制运行阶段，适时调整环节是最后一步，多出现在反馈收集后，这有助于思想政治教育协同育人机制持久性与适用性增加。

教书育人是延续了几千年的传统教育理念。伴随着时代变迁和现代社会发展，历经岁月磨砺的传统教育理念呈现出滞后性特点，急需改变。比如，迎合社会经济所需创造新的供给关系。供给是人才和知识理论的供给，旨在促进社会经济发展。思想政治教育的协同育人理念属于是创新性育人实践活动。这种协同理念因契合教育事业发展而步入蓬勃发展阶段，其实践意义能够通过跨区域性、跨制度性、跨学科性等得以体现。

今天，高校需要持续促进马克思主义与中国国情融合，创新协同育人实践经验及理论。我们可以将其看作是文化渗透抑或是培训创新，从本质来看，实现了对协同育人理念的合理应用。基于实践经验能够发现，理论的演变和发展需要得到制度给予的支撑。高校思想政治教育协同育人机制应兼具系统性和发展性特点。高校以此为据进行推理，教书育人的协同理念等同于传统理念向协同育人理念的有效转变，是一种创新。科研育人所具有的存在价值和实践意义能够通过科研成果向育人理念、育人资源及能力转化，并得以呈现，继而促进育人思维的突破性发展，增强育人革新动力。

众所周知，我国是社会主义国家，党和各级政府始终以马克思主义理论和毛泽东思想为指导，并将其融入至各领域内，其中包括教育领域，以上即为育人资源的转化过程。从创新角度来看，协同育人需要着眼于未来，积极探索绿色、可循环发展模式，增设专业学科发展研究机构，促进各学科相互渗透。同时，借助网络平台和新媒体力量，提升科研传播速度、拓展科研辐射范围，优化传播成本。实践育人的协同发展是指协同机制面对资源配置要求所作出的实践性操作。这种实践是依托机制平台予以进行的，其主要目的是培育契合时代发展，且拥有马克思主义实践观的人才。在实践育人活动中，首要任务是完成协同机制的创建，构筑主题类协同平台，伴随着主题实践活动的持续深化促进育人目的实现。主题实践活动并非凭空想象，需要以学生实践操作能力为重，并加强对学生参与积极性的调动，整合当前组织资源，将其视为协同育人机制必不可少的补充。

自 2010 年以来，大学生创业热潮风靡一时，高校、企业和国家分别为大学生创业提供了支持，以上即为实践育人的具体体现，且有助于学生、学校、企业、社会的协同发展。存在于协同育人机制中的各要素有着彼此独立和相互影响的内在逻辑。高校思想政治教育服务育人的协同共享能够通过资源配置和成果分享得以呈现。资源配置是指资源在横向层面的共享，成果分享是指成果在校内外的分享。对于现代高校而言，肩负着培养双重人才的重任，这里的双重是指人才能够实现理论知识的学习，拥有强烈的实践意识和实践能力。高校应主动打破存在于专业课程与思想政治课程之间的隔阂，持续弱化专业知识与文化累积之间存在的差异，避免出现“重考试、轻综合素质”等情况。此外，高校应注重思想政治工作服务育人协同中心的设置与安排，为服务育人提供一站式育人体系，集结高校、政府与社会之力，创新当前的协同育人模式。

在当前阶段，高校的学生管理工作是通过学生工作部展开的，由其出面对全校学生管理工作进行规划，随后通过校级、院级系统管理模式明确学科教师与辅导员的具体职责。平心而论，这种管理模式并非尽善尽美。比如信息传递单一化，各部门沟通渠道过窄，存在沟通不畅等情况。如此一来，影响育人手段的持续丰富，又会抑制各部门策划能力及问题解决能力。同时，教务、科研等部门会陷入被动发展状态，继而导致基层与领导层的脱节。这种管理模式具有典型的协同育人机制的中介性、融合性、开放性特点。从内外部角度来看，一是集结了教师队伍及党团队伍等，二是集结了社会和校际等相关主体。在相互沟通与协作中，需要明确协同育人契合点，并结合协同实践经验对其做适度调整，深化认同。

7.3.3　高校思想政治教育协同育人的探索

通常来说，高校思想政治教育协同育人机制的过程控制是聚焦机制，根据其运行状态然后做合理管控或调整，深入分析思想政治教育者和教育对象间的沟通。经过分析和梳理能够发现，存在于高校思想政治教育协同育人环节中的主动性因素，是与各参与主体有着一定关联的引发因素。具体来看，有参与主体自身的影响因素、联动参与主体的育人方法、目标及内容等因素等。该因素是指参与高校思想政治教育的主体基于自身表现给协同育人机制带来的实际影响。

伴随着时代变迁，思想政治教育辐射面与教育内容愈加丰富，能够实现全方位、全过程育人。在思想政治教育协同育人环节，各参与主体呈现出的素质、道德水平、奉献意识等会给其带来直接影响，同时这些因素又会影响参与主体主观性发挥。这里的主观性是指教育态度及认知水准等，是参与主体联动影响因素。主观性因素基于主体协同关系，对参与主体的内在动机（即自发性与序列性）进行考量，继而给其他联动因素带来影响。在分析参与主体原始动机时，首要任务需要知悉其育人目的。显然，这是一种目标性驱动要素，只有明确育人目标才能着手进行机制构建。虽然各参与主体育人目标各有特点，不过从宏观角度出发能够呈现出趋同特点即可。同理，在原始动机的作用下，各参与主体所选育人方法及内容各有千秋，并不一致。究其原因在于各参与主体的自我发展是可持续追求，不仅能够给自身带来影响，又能够引发联动效应。

出现在高校思想政治教育协同育人环节中的被动性因素即为外部因素。外部因素的作用机制与其所处社会发展背景、方针政策、科学技术等息息相关。从协同机制发展现状能够发现，对该机制的需求多少是能够给协同育人带来直接影响的主要被动性因素。从本质角度来看，协同机制的创建和完善是典型的社会实践类活动，这种事物具有一定存在价值，能够通过需求度得以呈现。进一步分析，假设需求量大，那么思想政治教育协同育人受到的积极影响就大，反之亦然。思想政治教育协同机制会受到社会发展水平的影响。从总体角度来看，在教育水平与社会发展之间存在正相关关联。

通过分析人才储备量、社会价值观、教育具有的社会地位及城市化发展水平等能够反映社会发展水平所具有的具体影响。伴随着社会发展水平的持续攀升，协同育人机制受到的正面影响愈大，反之亦然。思想政治教育并非是一种新兴学科，是传统教学内容。不过在科技水平实现突飞猛进的今天，思想政治教育并不过时，它的发展和演变与科学水平有着一定关联。就目前来看，以往的教学模式不再适用，有必要将科学技术引入其中。其实，思想政治教育协同育人机制同样会受到科技水平的影响。政策发布是指行政性政策、社会性政策的颁发与落实，此举能够引导思想政治教育协同育人机制明确发展方向，给宏观环境、经济性政策机制等提供参考抑或是保障。对于机制而言，其构筑、运行和完善等均需要以政策为导向，只有全面落实政策举措，机制才有可能实现稳健发展步入良性循环。

高校思想政治教育协同育人机制的运行离不开组织保障。高校党委可以拉近各育人主体间的距离，加强彼此间的联系，促使思想政治教育协同育人机制运行。党委的统一领导能够实现对大方向的合理掌控。因此，需要坚定这一方针策略，对党委的存在价值予以肯定。从理论角度来说，对于高校党委而言，一方面需要牢牢把握领导权，另一方面需要明确高校办学方向，集结力量，让高校成为建设社会主义的重要推动力量。对于基层党组织而言，则需要积极发挥其带头作用，持续优化高校党组织建设，践行为人民服务的宗旨，增强自我能力，力求做到高效率、不浪费。对党员而言，应面对师生队伍，积极发动群众，加强管理，将党委的统一领导工作落实到位。从实践角度出发，高校党委采用专事专办的原则，结合思想政治教育协同育人机制所需完成专门机构设置，全面实施一体化、一贯式统筹管理，着眼于全局，对机制做科学管理。同时，高校党委分别从校内、校外、校际层面出发明确协同育人参与主体、育人目标、育人内容及所用方式方法等。通过对观察法、问卷调查等各种方式的综合应用，对机制运行效果进行及时把控，并做出客观评估，拟定机制优化方案，健全督查机制。假设服务于协同育人的专门机构能够为其提供专业指导，并给出切实可行的改进方案，那么育人机制极易获取事半功倍之效。

在高校中，属于思想政治教育职能部门的有校团委、宣传部、教务处、学工处、组织部等。以上部门的职责是管理学生和处理学生事务，肩负着组织实践活动，拓展学生学习途径的重任。在思想政治教育协同育人机制中，以上部门应加强联系，做到齐心协力，主动参与到机制创建和完善工作中，最终促进齐抓共管协同效益形成。从教学实践角度来看，思想政治教育理论课隶属于第一课堂，团委等部门为学生组织的实践活动则属于是第二课堂。同时，应注重多样化校园文化活动举办，开展实践互促。此外，在高校学工处与就业部的日常教育管理工作还包括资助贫困生、为应届毕业生提供就业指导等，兼具指导性与保障性。

此类组织的形成能够丰富育人信息交流平台。搭建好的平台，不仅为各教育主体互联互通提供重要途径，且有助于彼此平等对话，促使高校、家庭、社会步入自由交流状态中。关键之处，又能够激发校外育人主体参与热情，为其了解育人机制运作现状提供方便，加强校内外育人主体联系，实现双向沟通，做到优势互补。

此外，需要完成校际思想政治教育协同育人平台的打造，加强各高校之间的沟通，通过主题会议举办、学术交流活动开展等充分发挥校际协同育人功能。在构筑协同育人机制时，充足的经费支撑必不可少。各参与主体应基于育人机制发展现状对资金缺口进行梳理。只有资金到位，满足客观所需，才能为育人机制管理工作的进行和未来建设奠定基础。经费来源主要有三种：一是高校设置的专门资金；二是地方政府给予的拨款；三是社会捐赠。在电子信息技术的推动下，信息化时代悄然而至。在新时代，高校在筛选思想政治教育协同育人方式时有更多的选择空间，无须受制于传统课堂教育，完全可以创建思想政治教育网站和多媒体客户端，根据学生所需进行思想传播。

为心理咨询室提供场地支持，并参考专业心理咨询室要求增添专业设备、调整物品陈设，加强对心理咨询功能宣传，并保护学生隐私避免泄露。同时，定期举办与思想政治教育有关的专题讲座抑或是各类实践活动，注重教学场地的保证和“供应”。在思想政治教育中，教师不仅是其中的组织者，又是具体执行者。因此，高校应注重人才队伍建设。对于高校思想政治教育协同育人机制而言，组建高质量、高素质教师队伍很有必要。选用公开竞聘的方式优选队员，一方面加强对学历、专业、个体工作实践经验等硬性条件的严格审核；另一方面着重考量应聘者的软实力，比如政治立场、语言表达能力、组织沟通能力等，旨在为高校思想政治教育队伍输送优秀人才，且有助于队伍结构持续优化。

首先，针对思想政治教育工作者做好示范教育。通常情况，示范教育是职前教育的一种，是每一名教育从业者的专业起点，事关其基础奠定。良好的示范教育能够促进教育从业者理论知识储备量的增加。其次，针对新教师做好入职辅导，由行业内资深人员为其提供短期培训，毫无保留地将自我教学经验、管理心得等告知新教师，鼓励新入职教师尽快进入角色。再次，针对在职教师做好思想政治教育教学管理及培训。在不影响日常工作节奏的前提下，定期举办专题讲座抑或是培训活动，开拓其视野，优化教育理念，鼓励教师通过自查自省，拥有更高的思想政治教育水平。最后，在年度考核或教师职称评定中，有意识地将思想政治教育成果融入其中，充分调动教师积极性。对于高校而言，想要打造一支高质量高素质教师队伍，则需要加强对教师的要求。

作为传道授业解惑者，教师应做到明道、信道，力求做一名理论知识储备量丰富的传播者。首先，始终拥护党的执政地位；其次，面对学生肩负起指路人的职责，做好言传身教的表率。这种思想教育难以一蹴而就，需要从大学生抓起，明确思想政治教育点，将培养学生党员、党团干部作为重要的事来对待；对思想政治教育工作者的地位给予肯定，竭尽所能为其提供优越的就职环境。基于时代环境，作为新时期的思想政治教育工作者，应“做到四个统一：坚持言传和身教相统一，坚持潜心问道和关注社会相统一，坚持学术自由和学术规范相统一，坚持教书和育人相统一，真正做到以德立学、以德施教、以德立身”。①

总之，由现存高校思想政治教育协同育人路径研究结果可知，高校思想政治协同育人是各要素全方位的协同。高校思想政治教育协同育人的实现并非易事，需要满足以下前提条件：思想统一、顶层设计、制度体系确立、育人环境构筑。基于以上条件，结合高校思想政治教育协同育人目标探索实施路径。一是主体角色赋能，梳理全体关系；二是促进部门特殊职能体现，促进通力关系形成；三是深挖课程共性特性，努力实现课程思政；四是凸显平台个性，做到裁长补短；五是基于各要素协同关系，助力综合机制创建，发挥人员、部门、课程、平台的作用。高校思想政治教育协同育人目标的实现并非一朝一夕，无法做到一蹴而就，这是一个循序渐进的持续性发展过程，需要在具体的教学实践中结合具体的实践过程，做到持续实践、探索，最终实现发展。在探索环节，高校有必要将思想政治教育协同育人视为人才培养理念及手段，对学生的思想行为进行全方位指导，塑造其健康人格，促使学生实现全面成长。由此可知，高校思想政治教育协同育人是思想政治教育必不可少的重要举措，其存在价值和实践意义不容小觑，相信在未来将会受到党中央和诸多学者的高度关注，从而实现创新性发展。

① 王清义．立德树人高校党建工作理论与实践［M］．北京：人民出版社，2017.

参考文献

[1] 张瑀，姜威．劳动教育融入高校思想政治教育的协同育人路径研究［J］．思想理论教育导刊，2021（06）：115-119.

[2] 孙雷，何玉龙，高晨光．大学文化与城市文化协同育人的探索［J］．中国高等教育，2021（08）：25-27.

[3] 杨仲迎．全媒体融场域下高校思想政治教育协同育人体系构建研究［J］．学校党建与思想教育，2021（02）：75-77.

[4] 史龙鳞，陈佳俊．新时代高校学生社区协同育人的机制研究——基于浙江大学“一站式”学生社区综合管理模式的观察［J］．思想教育研究，2021（03）：149-154.

[5] 万金城．教师思想政治工作与学生思想政治工作协同发展的内生逻辑与实践指向［J］．思想理论教育，2021（08）：93-97.

[6] 许佳，周苏娅，王小丁．融媒体时代高校精准思政的构建［J］．思想政治教育研究，2021，37（02）：150-153.

[7] 陈淑丽．协同育人视域下高校课程思政建设的现实困境与应对机制［J］．教学与研究，2021（03）：89-95.

[8] 李伟涛．现代化进程中的教育协同治理：壁垒与进路［J］．教育发展研究，2021，41（03）：12-19.

[9] 何宗元．论大学生“佛系”心态的生成逻辑及疏导策略［J］．黑龙江工程学院学报，2021，35（03）：64-67.

[10] 何宗元，陈斐．文化自信视域下高校共青团大学生思想引领研究［J］．海南师范大学学报（社会科学版），2021，34（03）：133-140.

［11］王训兵，黄新建．“互联网＋教育”背景下高校党团班协同育人组织管理体系创新研究［J］．学校党建与思想教育，2021（10）：28-30.

［12］谭轹纱，简天风．劳动教育的家校社协同育人实践［J］．中国教育学刊，2021（05）：106.

［13］韩喜平，肖杨．课程思政与思政课程协同育人的“能”与“不能”［J］．思想理论教育导刊，2021（04）：131-134.

［14］何宗元．高校辅导员职业形象：内涵、功能及构建路径［J］．青少年学刊，2021（02）：31-36.

［15］何宗元．共青团参与青年“双创”的主要矛盾及成因分析［J］．北京青年研究，2021，30（02）：72-78.

［16］任晶惠，余雅风．论推进新时代家校协同育人的关键节点［J］．当代青年研究，2021（02）：20-26.

［17］熊校良．大学生精准引领目标下的多学科协同育人平台构建［J］．学校党建与思想教育，2021（05）：81-83.

［18］叶信治，钟惠珍．超越课堂革命：“双一流”建设高校协同育人模式建构［J］．福建师范大学学报（哲学社会科学版），2021（01）：142-151.

［19］周冠文．课程思政视域下民办高校协同育人探究［J］．安徽工业大学学报（社会科学版），2020，37（03）：91-92.

［20］杨恒．立德树人视域下高校思想政治教育协同育人机制研究［J］．南京理工大学学报（社会科学版），2020，33（06）：76-81.

［21］耿乐乐．发达国家产学研协同育人模式及启示——基于德国、日本、瑞典三国的分析［J］．中国高校科技，2020（09）：35-39.

［22］王学俭，石岩．新时代课程思政的内涵、特点、难点及应对策略［J］．新疆师范大学学报（哲学社会科学版），2020，41（02）：50-58.

［23］魏圆圆．高校思想政治理论课与青年马克思主义社团协同育人关系研究［J］．黑龙江高教研究，2020，38（11）：126-131.

［24］李留义，王卫国．家风建设与高校思想政治教育的协同育人探究［J］．学校党建与

思想教育，2020（16）：86–87+93.

［25］楼艳 . 德育共同体视角下高校思想政治教育协同育人机制探究［J］. 学校党建与思想教育，2020（11）：37–40.

［26］成洪波 . 充分发挥高校思想政治教育协同育人力量［J］. 中国高等教育，2020（05）：35–37.

［27］李玉倩，陈万明 . 平台经济模式推进产学合作协同育人研究［J］. 高等工程教育研究，2020（01）：100–105.

［28］侯卫红，刘金娥 . 高校协同育人培养机制创新方向探讨［J］. 中国大学教学，2020（01）：42–44.

［29］张琼 . 高校思想政治教育协同育人机制探析［J］. 学校党建与思想教育，2019（18）：42–43.

［30］蹇世琼，彭寿清，李祥 .“双创”教育中协同育人的实践困境及路径突破［J］. 江汉学术，2019，38（04）：122–128.

［31］李淑娟 . 高校思想政治教育与创业教育协同育人路径探索［J］. 学校党建与思想教育，2019（02）：75–77.

［32］杨建超 . 协同育人理念下高校“课程思政”改革的理性审视［J］. 南通大学学报（社会科学版），2019，35（06）：121–128.

［33］颜雪艺 . 高校辅导员与班导师协同育人探究［J］. 学校党建与思想教育，2019（20）：61–62.

［34］冯刚，高静毅 . 思想政治理论课与日常思想政治教育协同育人的实践维度考察［J］. 中国高等教育，2019（17）：32–35.

［35］郭芳，张立仁，郭郁 .“四位一体”构建大学生创新创业教育协同育人机制［J］. 教育与职业，2019（17）：61–65.

［36］曲一歌 . 大学生党建与思想政治教育协同育人论［J］. 学校党建与思想教育，2019（16）：28–30.

［37］孔祥年 . 新时代高校社会实践协同育人机制研究［J］. 学校党建与思想教育，2019（08）：86–88.

［38］高有祥，张西静．大学与媒体协同育人：朝向一流本科传媒教育之路［J］．现代传播（中国传媒大学学报），2018，40（12）：163–166.

［39］赵睿．协同理论视域下推进高校党团组织育人工作的思考［J］．思想教育研究，2018（12）：105–109.

［40］刘晓玲，平可．改革开放以来思想政治教育政策环境建设回顾与展望［J］．思想教育研究，2018（11）：14–18.

［41］石书臣．正确把握“课程思政”与思政课程的关系［J］．思想理论教育，2018（11）：57–61.

［42］李才俊，李渝萱．建立高校“八维一体”思想政治教育生态共同体的几点思考［J］．思想理论教育导刊，2018（10）：125–128.

［43］史国君，龙永红，刘朝晖．“三进三知”：大学生思想政治教育协同新机制［J］．江苏高教，2018（09）：90–94.

［44］赵浚，张澍军．信息化时代高校思想政治教育供应链的建构［J］．广西社会科学，2018（07）：231–235.

［45］史巍．论以“课程思政”实现协同育人的关键点位及有效落实［J］．学术论坛，2018，41（04）：168–173.

［46］胡绪明．高校思政课教师与辅导员协同育人的功能定位及实施对策［J］．学术论坛，2018，41（04）：174–180.

［47］唐未兵，温辉，彭建平．“产教融合”理念下的协同育人机制建设［J］．中国高等教育，2018（08）：14–16.

［48］韩雪青，高静毅．大学生思想政治教育“主渠道”“主阵地”协同育人探究［J］．学校党建与思想教育，2018（03）：22–24.

［49］张青，张波．高校思想政治教育协同育人机制研究［J］．学校党建与思想教育，2017（23）：27–30.

［50］何红娟．“思政课程”到“课程思政”发展的内在逻辑及建构策略［J］．思想政治教育研究，2017，33（05）：60–64.

［51］肖香龙．思政课与其他课程须建立协同育人机制［J］．中国高等教育，2017（23）：

14–15.

[52] 王奎 . 对高校思想政治工作协同育人的思考［J］. 学校党建与思想教育，2017（22）：38–39+42.

[53] 杨果，唐亚阳 . 网上网下思想政治教育协同育人的三重维度［J］. 学校党建与思想教育，2017（21）：27–29+32.

[54] 刘学忠 . 地方应用型大学协同育人体制机制新探［J］. 国家教育行政学院学报，2017（09）：67–72.

[55] 高远，李明建 . 论专业课教师与思想政治教育工作者的协同育人［J］. 江苏高教，2016（03）：135–137.

[56] 李大庆 . 家校共同体：高校协同育人模式研究［J］. 学校党建与思想教育，2016（24）：8–10.

[57] 肖薇薇，陈文海 . 大学生思想政治教育协同创新机制：条件、效应与建构［J］. 学校党建与思想教育，2015（19）：48–51.

[58] 蔡小葵 . 运用协同理论探索大学生思想政治教育中的协同机制［J］. 内蒙古师范大学学报（教育科学版），2013，26（11）：66–69.

[59] 王起友，张东洁，贾立平 . 协同理论视角下的大学生思想政治教育创新研究［J］. 学校党建与思想教育，2013（23）：13–14.

[60] 汪锦军 . 构建公共服务的协同机制：一个界定性框架［J］. 中国行政管理，2012（01）：18–22.

[61] 白列湖 . 协同论与管理协同理论［J］. 甘肃社会科学，2007（05）：228–230.

[62] 崔晓丹 . 大学生思想政治教育主渠道与主阵地协同研究［D］. 北京：北京科技大学，2021.

[63] 戚静 . 高校课程思政协同创新研究［D］. 上海：上海师范大学，2020.

[64] 李力 . 新时代高校立德树人协同策略研究［D］. 吉林：东北师范大学，2019.

[65] 肖薇薇 . 高校思想政治工作协同机制研究［D］. 武汉：华中师范大学，2017.

[66] 李晓莉 . 思想政治教育协同创新研究［D］. 兰州：兰州大学，2016.

[67] 曹都国 . 三全育人视域下高校思想政治工作多元协同的理论与实践探索［M］. 上海：

复旦大学出版社，2021.

[68] 孙友林 . 高校实践育人协同体系构建研究 [M]. 长春：吉林大学出版社，2020.

[69] 成俊敏，杜海 . 高校协同育人机制研究 [M]. 长春：吉林文史出版社，2019.

[70] 刘春晓 . 高校与农垦企业协同育人研究 [M]. 哈尔滨：哈尔滨工程大学出版社，2019.

[71] 齐敏 . 高校思想政治教育协同育人机制研究 [M]. 北京：新华出版社，2019.

[72] 唐玉琴 . 高校专业教师与思想政治教育工作者协同育人机制研究 [M]. 北京：中国社会科学出版社，2019.

[73] 朱惠蓉，陶思亮 . 跨界协同育人共同体 思与行的融合 [M]. 上海：上海交通大学出版社，2018.

[74] 曾学龙 . 民办高职院校思政课协同育人教学模式创新的实践 [M]. 广州：广东高等教育出版社，2018.

[75] 汪艳丽 . 协同育人新机制的创新与实践 [M]. 北京：电子工业出版社，2018.

[76] 马俊平 . 高校思想政治教育和创新创业教育协同育人研究 [M]. 北京：中国水利水电出版社，2018.

[77] 陈虹 . 协同育人与创新发展 [M]. 北京：印刷工业出版社，2017.

[78] 中山大学海洋科学学院 . 协同育人研究与实践 [M]. 广州：中山大学出版社，2017.

[79] 姚凤民，赵合云，庞磊等 . 协同育人模式与机制创新研究 [M]. 北京：中国财政经济出版社，2016.

[80] 高文兵 . 跨学科协同教育研究：多科学大学人文社会科学的育人功能 [M]. 北京：高等教育出版社，2015.

[81] 张效民 . 协同育人理论建构与实践探索 [M]. 北京 / 西安：世界图书出版公司，2015.

[82] 贺金玉 . 地方新建本科院校协同创新与协同育人模式研究 [M]. 济南：山东大学出版社，2013.

[83] 滕利荣，孟庆繁 . 开拓创新协调发展：构建高校与社会协同实践育人新模式 [M]. 长春：吉林大学出版社，2013.

[84] 刘建军 . 新时期思想政治工作创新研究［M］. 北京：中国人民大学出版社，2018.
[85] 王学俭 . 思想政治教育理论与实践问题的研究视角［M］. 北京：中国人民大学出版社，2017.
[86] 郑吉春 . 协同理论视域下的高校大学生思想政治教育工作机制优化研究［M］. 北京：科学出版社，2016.
[87] 教育部思想政治工作司组 . 加强和改进大学生思想政治教育重要文献选编 1978–2014［M］. 北京：知识产权出版社，2015.
[88] 王宗礼，甘德荣 . 高校德育的协同机制及其实践研究［M］. 北京：中国文史出版社，2015.
[89] 钱晓田 . 资源整合视域下的大学生思想政治教育［M］. 南京：南京大学出版社，2015.
[90] 陈万柏，张耀灿 . 思想政治教育学原理：第 3 版［M］. 北京：高等教育出版社，2015.
[91] 赵新峰 . 协同育人论［M］. 北京：人民出版社，2013.
[92] 白显良 . 隐性思想政治教育基本理论研究［M］. 北京：人民出版社，2013.
[93] 董娅 . 当代思想政治教育方法发展新论［M］. 北京：中国社会科学出版社，2012.
[94] 蔡剑 . 协同创新论［M］. 北京：北京大学出版社，2012.
[95] 郑永廷 . 思想政治教育方法论：第 2 版［M］. 高等教育出版社，2010.
[96] 沈壮海 . 思想政治教育有效性研究：第 2 版［M］. 武汉：武汉大学出版社，2008.
[97] 路德维希・冯・贝塔朗菲 . 一般系统论［M］. 秋同袁，译 . 北京：社会科学文献出版社，1987.
[98] 安迪・哈格里夫斯 . 知识社会中的教学［M］. 上海：华东师范大学出版社，2007.
[99] 路易斯・莫利 . 高等教育的质量与权力［M］. 北京：北京师范大学出版社，2008.
[100] 斯科特，戴维斯 . 组织理论 理性、自然与开放系统的视角［M］. 高俊山，译 . 北京：中国人民大学出版社，2011.